中国传统文化
1000问

木鱼

— 编著 —

光明日报出版社

图书在版编目（CIP）数据

中国传统文化1000问 / 木鱼编著. -- 北京：光明
日报出版社，2025. 4. -- ISBN 978-7-5194-8574-0

Ⅰ．K203-44

中国国家版本馆CIP数据核字第2025TA7079号

中国传统文化1000问

ZHONGGUO CHUANTONG WENHUA 1000 WEN

编　著：木　鱼

责任编辑：孙　展　　　　　　　　责任校对：徐　蔚

特约编辑：胡　峰　刘　丽　　　　责任印制：曹　诤

封面设计：万　聪

出版发行：光明日报出版社

地　　址：北京市西城区永安路 106 号，100050

电　　话：010-63169890（咨询），010-63131930（邮购）

传　　真：010-63131930

网　　址：http://book.gmw.cn

E - mail：gmrbcbs@gmw.cn

法律顾问：北京市兰台律师事务所龚柳方律师

印　　刷：河北文扬印刷有限公司

装　　订：河北文扬印刷有限公司

本书如有破损、缺页、装订错误，请与本社联系调换，电话：010-63131930

开　　本：170mm×240mm　　　　　　　　印　　张：25

字　　数：200 千字

版　　次：2025 年 4 月第 1 版

印　　次：2025 年 4 月第 1 次印刷

书　　号：ISBN 978-7-5194-8574-0

定　　价：58.00 元

目 录

c o n t e n t s

第一章

名人逸事　文化艺术

"初唐四杰"都有谁?

"初唐四杰"是唐代早期文学家王勃、杨炯、卢照邻、骆宾王的合称,他们又简称为"王杨卢骆"。

苏轼的《记承天寺夜游》中"怀民亦未寝"中的"怀民"是谁?

"怀民"指的是张怀民,字梦得,一字偓佺,同苏轼一样是北宋官员。元丰三年(1080年),苏轼被贬黄州。元丰六年(1083年),张怀民也被贬黄州,寓居承天寺(位于今湖北省黄冈市南)。

中国十大传世名画指哪十幅？

1.《洛神赋图》：东晋顾恺之根据三国时期魏国曹植的《洛神赋》创作。

2.《步辇图》：唐代阎立本根据唐太宗接见吐蕃使臣禄东赞所作。

3.《五牛图》：唐代韩滉所作。

4.《唐宫仕女图》：唐代张萱、周昉等人创作的一系列仕女画。

5.《韩熙载夜宴图》：五代南唐顾闳中所作，描绘了南唐中书侍郎韩熙载在家中设宴欢歌的情形。

6.《千里江山图》：北宋王希孟所作，描绘了宋朝的山川景色。

7.《清明上河图》：北宋张择端所作，再现当时汴京（今河南开封）的社会生活场景。

8.《富春山居图》：元代黄公望创作的长卷山水画。

9.《汉宫春晓图》：明代仇英所作，描绘了初春时节汉代宫中嫔妃的生活场景。

10.《百骏图》：清代郎世宁作，描绘了众多骏马的不同形态和动态。

宋代五大名窑是哪五个？

1. **汝窑**：汝窑属宋代五大名窑之首，窑址在今河南省宝丰县清凉寺附近，以青瓷为主。

2. **官窑**：官府直接营建，瓷器主要为素面，无华美雕饰，也无艳彩涂绘，一般为紫口铁足。

3. **哥窑**：哥窑与官窑类同，也有紫口铁足，典型特征为釉面有不规则开裂纹片，被称为"金丝铁线"。

4. **钧窑**：钧窑瓷器的典型特征是"蚯蚓走泥纹"，它的形成是由于钧瓷的釉厚且黏稠。

5. **定窑**：唐朝时已烧白瓷，至宋而著名。北宋后期，曾一度烧制宫廷御用瓷器。也是宋代五大名窑中唯一烧造白瓷的窑场。

李白为什么被称为"诗仙"？

李白被贺知章称为"谪仙人"，同时他的诗想象丰富、手法夸张、语言清新，极具浪漫主义色彩，所以他被称为"诗仙"。

杜甫为什么被称为"诗圣"？

杜甫是唐代伟大的现实主义诗人，他的诗关注现实、反映民生，具有深刻的社会意义

和历史价值。杜甫的诗歌作品被誉为"诗史"，他被后人誉为"诗圣"。

"诗魔"指的是谁？

唐代被称作"诗魔"的诗人是白居易。白居易之所以被称为"诗魔"，是因为他对诗歌创作的极度投入和刻苦努力。对诗歌的狂热追求，以及过度诵读和书写导致他的身体损害（如口舌生疮、手肘成胝），因此被誉为"诗魔"。

"诗鬼"指的是谁？

"诗鬼"指的是唐朝诗人李贺。李贺作诗喜欢取材于神话故事，他的诗具有大胆、诡异的想象力，构造出了云谲波诡的艺术世界。他因此被后人称为"诗鬼"。

哪位诗人被称赞为"诗中有画，画中有诗"？

作品堪称"诗中有画、画中有诗"的诗人是王维。王维创作的描绘山水田园等自然风景及歌咏隐居生活的诗篇，绘影绘形，有写意传神、形神兼备之妙，读其诗如置身画图之中。

"洛阳纸贵"是因为哪篇文章?

成语"洛阳纸贵"与《三都赋》有关。左思为西晋时文学家,花了十年时间撰写《三都赋》,重点描写三国魏、蜀、吴三国都城的风土人情和物产。一时之间,贵族家庭争相抄录传阅,导致了都城洛阳出现纸荒,纸张价格飞涨。

"汉赋四大家"都指谁?

汉赋四大家是指司马相如、扬雄、班固、张衡四人。这四人都有多篇代表性的名篇传世,标志着汉赋的体裁、风格的成熟。

中国古代四大名琴分别是?

中国古代四大名琴指的是齐桓公的号钟、楚庄王的绕梁、司马相如的绿绮和蔡邕的焦尾。

"史界两司马"指的是哪两人?

西汉司马迁与北宋司马光,合称"史界两司马"。他们分别写下了不朽的史学巨著,司马迁著《史记》,司马光著《资治通鉴》。

古琴有几根弦?

最早的古琴仅有五根弦,以象征金木水火

土，后周文王加一弦，武王加一弦，始成七弦，"七弦琴"故此得名。

"高山流水遇知音"来源于什么典故？

"高山流水遇知音"来源于春秋时期的一则故事。在故事中，有一位名为伯牙的琴师，他的琴技非常高超，但他的演奏却很少有人能真正欣赏。有一天，伯牙在山间弹琴时遇到了名叫钟子期的砍柴人，钟子期虽然是一个普通的砍柴人，却能理解欣赏伯牙的音乐，并与之产生了深厚的情感共鸣。后来通常用这句话形容好友之间彼此相知，情谊深厚。

古琴十大名曲是什么？

古琴十大名曲是《潇湘水云》《广陵散》《流水》《渔樵问答》《平沙落雁》《阳春白雪》《胡笳十八拍》《阳关三叠》《梅花三弄》《醉渔唱晚》。

词牌名是怎么产生的？

最初的词，都是配合音乐来歌唱，每首词都有一个曲调名称，叫"词牌"。词牌与内容并无必然联系，却规定着词的形式（包括字数、平仄韵脚等）。词牌的来源一般有：乐曲名如"雨霖铃"，人名如"念奴娇"，地名如"沁园春"，诗句如"点绛唇"，故事如"解佩令"，字数如"十六字令"。

词牌名对词有什么限制？

词牌名对词的字数有限制，词牌名对应的词每句多少字有定数。比如《临江仙》的字数要求是7、6、7、5、5，对应词句"滚滚长江东逝水，浪花淘尽英雄。是非成败转头空。青山依旧在，几度夕阳红。"

古诗一定要押韵吗？

古诗并不一定要押韵，押韵与否取决于诗歌的类型和创作时期。古诗分为古体诗和近体诗，其中古体诗在平仄和押韵方面更为自由，可以不根据平仄格律创作，不必严格遵守近体诗的押韵规则。例如《诗经》中的诗歌多为古体诗，其押韵方式较为灵活。

为什么用"桃李满天下"形容老师教过的学生多？

这句话来源于《韩诗外传》的一则故事。

战国时期，魏国的子质教过很多学生。后来子质得罪了魏文侯，不得不逃离魏国。路经赵国时，子质巧遇简主，于是向简主抱怨他教过的人忘恩负义。简主对子质说："春天种下桃树和李树，夏天可以到树下休息，秋天可以吃到果实。可是你在春天种蒺藜，非但没有果实可以吃，而且蒺藜还可能刺伤你。所以君子培养人才，要选择品德高尚的人来培养。"后来子质严格教学，学生先后成才，成了国家的栋梁。学生们为了感念子质先生的教诲，都在自己住处栽种桃树和李子树。

"孤篇压全唐"说的是哪首诗？

被喻为"以孤篇压倒全唐"的诗是唐代诗人张若虚的《春江花月夜》。清末王闿运对《春江花月夜》的评价为"孤篇横绝，竟为大家"。随着时代发展，人们越来越发现《春江花月夜》的美学价值，评价也越来越高，"孤篇盖全唐"这一说法，是后人对《春江花月夜》的新认识。

《凤求凰》来源于谁？

《凤求凰》传说是西汉辞赋家司马相如创作的古琴曲。司马相如在卓王孙家做客，在卓家大堂上弹唱《凤求凰》，使得在帘后倾听的卓文君心动，与司马相如一见倾心，约定私奔。

哪部书被誉为"史家之绝唱，无韵之离骚"？

《史记》被鲁迅先生誉为"史家之绝唱，无韵之离骚"，列为"前四史"之首，与《资治通鉴》合称为"史学双璧"。

"二桃杀三士"这个计谋是怎么实施的？

春秋时期齐景公手下有三大名将，分别是公孙接、田开疆、古冶子，他们都为齐国立下过汗马功劳，但后面开始飞扬跋扈，让齐景公感觉到了威胁。

晏婴为齐景公献计，请三位参加一场宴会，并准备了两个桃子。晏子建议他们按照功劳大小来分配桃子。

公孙接与田开疆都先报出自己的功绩，各拿了一个桃子。古冶子认为自己功劳更大，气得拔剑指责他们。公孙接与田开疆听到古冶

子报出自己的功劳之后，自觉不如，羞愧之余便将桃子让出并自尽。而此时古冶子也对先前羞辱别人吹捧自己的丑态感到羞耻，因此也拔剑自刎。

"江郎才尽"中"江郎"指谁？

"江郎"指的是南朝梁文学家江淹。他年轻的时候，家中十分贫困。由于父亲去世早，所以很小的时候，他就上山砍柴，靠卖柴赡养母亲。尽管条件艰苦，江淹仍然发奋读书，写出了许多精彩的文章和诗篇。可是到了晚年，江淹的才思减退，写出的文章平淡无奇，诗篇中也再没有佳句出现。人们都摇着头说："江郎才尽了。"

"曲有误，周郎顾"中的"周郎"说的是谁？

"周郎"指的是三国时期吴国周瑜。周瑜精通音乐，在酒宴上，即使多喝了几杯酒，有些醉意，也能听出旁边奏乐的弹错音，就会转过身，在众多乐女中一下找出那个弹错弦的人。因此当时有一句歌谣道："曲有误，周郎顾。"

"响遏行云"指的是谁?

"响遏行云"意思是声音高亢以至阻拦了天上的流云,多用来形容歌声嘹亮。

"响遏行云"指的是秦青。古时候,薛谭拜歌唱家秦青为师。薛谭学了一段时间,自以为把老师唱歌的技艺都学到手了,便向秦青告辞准备回家。秦青也不挽留他,只是把他送到城外的大路旁,然后唱起了一首悲伤的歌曲。歌声嘹亮,响彻云霄,连天上的云都停止飘动了。薛谭这才知道自己的功力还差得远,就向秦青认错,请求留下来继续学习,再也不敢说回家的事了。

《二十四史》是哪二十四史?

二十四史包括《史记》《汉书》《后汉书》《三国志》《晋书》《宋书》《南齐书》《梁书》《陈书》《魏书》《北齐书》《周书》《隋书》《南史》《北史》《旧唐书》《新唐书》《旧五代史》《新五代史》《宋史》《辽史》《金史》《元史》《明史》。

什么是骈俪文?

骈俪文也被称为骈文,是一种源于汉代,盛

行于南北朝的文体，以其字句两两相对而成篇章得名。这种文体全篇以双句为主，讲究对仗的工整和声律的铿锵，因其常用四字句、六字句，故也被称为"四六文"。

"唐宋八大家"都有谁？

"唐宋八大家"又称为"唐宋散文八大家"，是唐代和宋代八位散文家的合称，分别为唐代的韩愈、柳宗元和宋代的欧阳修、苏洵、苏轼、苏辙、王安石、曾巩八位。

书法中五种书体分别是什么？

书法中的五种书体分别是篆书（包含大篆、小篆）、楷书、行书、草书、隶书。

古代书法家"四贤"是指哪四人？

东汉张芝，三国钟繇，东晋王羲之、王献之合称为书中"四贤"。

宋代行书四大家是指哪四位？

宋代行书四大家是苏轼、黄庭坚、米芾、蔡襄。人们称他们为"苏黄米蔡"。关于书法风格，苏轼天然、黄庭坚劲健、米芾纵逸、蔡襄蕴藉，四人书法各具仪态。

"楷书四大家"是指哪四位？

"楷书四大家"是对书法史上以楷书著称的四位书法家的合称，也称"四大楷书"。他们分别是：唐朝欧阳询（欧体）、唐朝颜真卿（颜体）、唐朝柳公权（柳体）、元代赵孟頫（赵体）。

古代书画作品流传至今，上面的墨为什么千百年不会褪去？

墨汁中含炭黑，炭黑的主要成分是碳，碳元素在常温下化学性质不活泼，很难与其他物质发生反应。因此用墨汁写的字或画的画经久不褪色。

唐伯虎是谁？

唐伯虎是明代画家、文学家唐寅，吴县（今江苏苏州）人。唐寅字伯虎，一字子畏，号六如居士、桃花庵主、鲁国唐生、逃禅仙吏等。

顾恺之的"三绝"是指哪三绝？

东晋顾恺之不仅擅长绘画，诗赋也写得好，而且为人"痴黠各半"，世人称之为三绝：画绝、才绝和痴绝。

在绘画领域，"北宋三大家"分别指谁？

在绘画领域，"北宋三大家"指的是董源、李成、范宽。这三位画家开创了新的画风，对中国山水画的发展产生了深远影响。董源擅长表现江南的自然风光，风格平和秀雅；李成画山水笔势锋利，好用淡墨，有"石如云动"的效果；范宽画山石落笔雄健，能够将崇山峻岭的雄伟及密林的荒寒景色呈现于笔下。

谁被称为"书圣"？

王羲之是东晋最杰出的书法家，他擅长书法，兼擅隶、草、楷、行各体，摆脱了汉、魏笔风，自成一家，被后人誉为"书圣"。其作品《兰亭集序》被誉为"天下第一行书"。

谁被称为"画圣"？

吴道子又名道玄，唐代著名画家，被尊称为"画圣"。吴道子的一生，主要是从事宗教壁画的创作，题材丰富，兼工山水。代表作有《地狱变相图》《送子天王图》《八十七神仙卷》等。

"入木三分"说的是谁的故事?

"入木三分"是王羲之的故事。有一次,晋帝要到北郊祭祀,让王羲之将祭文写在一块木板上。

雕刻工人开始雕刻时,惊讶地发现王羲之的墨迹竟然渗透进木板深处,直至削去三分厚的木板才见到白色底。于是用"入木三分"形容书法的笔法极其有力,现在用来比喻观点、议论、分析深刻。

什么是"五音"?

古人把宫、商、角、徵、羽五个音称为五声或五音。音韵学上,五音指五类声母在口腔中的五个发音部位,即喉音、牙音、舌音、齿音、唇音。

乐律中的"律吕"指的是什么?

律吕,本指用来定音的竹管,共有12个。古书所说的"律吕",从低音管算起,序列为单数的六个管叫"律",序列为双数的六个管叫"吕",共12个竹管,它们从低音到高音的名称分别为:黄钟、大吕、太簇、夹钟、姑洗、仲吕、蕤宾、林钟、夷则、南吕、无射、应钟。

古书上的"八音"指的是什么？

"八音"是我国古代对乐器的分类，它根据乐器制作材料的不同分为八类，分别是金、石、土、革、丝、木、匏、竹。

通用围棋棋盘有多少路？

通用的围棋棋盘是 19×19 的规格，一共有 361 个交叉点。十九路棋盘是比赛的标准尺寸棋盘。

《岳阳楼记》是千古名作，它的作者去过岳阳楼吗？

《岳阳楼记》的作者范仲淹没去过岳阳楼。当时，范仲淹的好友滕子京被贬到巴陵郡（今湖南岳阳），在任期间，滕子京做了三件政绩工程，其中一件就是重修岳阳楼。为了提高政绩工程的知名度，滕子京请范仲淹为刚刚落成的岳阳楼写一篇记，给他的唯一参考资料是一幅《洞庭晚秋图》。范仲淹的《岳阳楼记》流传颇广，岳阳楼也因此名声大振。

中国古代四大名著指的是哪四本书?

四大名著一般指元末明初施耐庵的《水浒传》、元末明初罗贯中的《三国演义》、明代吴承恩的《西游记》以及清代曹雪芹的《红楼梦》。

明代四大奇书是指?

明代四大奇书是指《金瓶梅》《三国演义》《水浒传》《西游记》,此四书合称为中国古代小说的"四大奇书"。这四部小说基本上代表了中国古代小说的四种类型,即世情小说、历史演义小说、英雄传奇小说、神魔小说。

"元曲四大家"指的是哪四位?

"元曲四大家"是关汉卿、白朴、郑光祖、马致远四位元代杂剧作家的合称。四者代表了元代不同时期不同流派杂剧创作的成就,因此被称为"元曲四大家"。

古文运动具体是指什么?

唐宋古文运动是指唐代中期及宋代初期以提倡古文、反对骈文为特点的文体改革运动。因涉及文学的思想内容,所以兼有思想运动和社会运动的性质。

古文是相对骈文而言的，是先秦和汉朝的散文，特点是质朴自由，以散行单句为主，不受格式拘束，有利于反映现实生活、表达思想。骈文是指六朝以来讲究对偶、辞藻、声律、典故的文体。

唐宋两代古文运动的代表人物有哪些？

"古文"这一概念由韩愈最先提出。韩愈提倡古文，目的在于恢复古代的儒学道统，将改革文风与复兴儒学变为相辅相成的运动。唐代的韩愈、柳宗元，宋代的欧阳修、王安石、曾巩、苏洵、苏轼、苏辙等人是其中的代表。

宋词分为哪两派？

宋词分为两大派，分别是婉约派和豪放派。婉约派的代表人物有柳永、晏殊、欧阳修、秦观、李清照等，而豪放派的代表人物包括苏轼和辛弃疾。

我国第一部长篇章回体小说是？

《三国演义》是我国第一部长篇章回体小说，

也是第一部最完整的长篇历史演义小说。小说描写了从东汉末年到西晋初年之间近100年的历史风云。

中国古代四大才女都有谁？

中国古代四大才女一说为班昭、卓文君、蔡文姬、李清照，一说为卓文君、蔡文姬、上官婉儿、李清照。

班昭为东汉史学家、文学家班彪之女，班固之妹，被誉为"曹大家"。蔡琰，汉末女诗人，字文姬，是东汉文学家蔡邕的女儿，代表作《胡笳十八拍》。上官婉儿14岁时因聪慧善文被武则天重用，掌管宫中制诰多年，有"巾帼宰相"之名。李清照是宋代女词人，婉约词派代表，有"千古第一才女"之称。卓文君为西汉临邛（今四川邛崃）巨商卓王孙之女，精通音律，有文名，代表作《白头吟》。

围棋的棋子为什么只有黑白两种颜色？

因为围棋是双人对弈的，而且棋子没有功能之分，黑白两种颜色对比强烈，放在棋盘上容易区分。

象棋棋盘上的楚河汉界来源于什么时候?

象棋棋盘中的分界线来源于楚汉战争。在秦朝灭亡后的楚汉争霸时期,楚、汉两方曾在荥阳、成皋展开长达四年(从公元前206年到公元前202年)的争夺战。公元前203年,双方相约以鸿沟为界,中分天下,"鸿沟而西者为汉,鸿沟而东者为楚"。后来"楚河汉界"成了象棋棋盘中的分界线。

古代人踢足球吗?

古人也有类似足球的运动项目。在中国古代,人们把用脚踢球叫作"蹴鞠"。蹴鞠起源很早,具体起源不确定,但是战国时期已流行于齐、楚一带,在汉代获得较大的发展,出现了用皮革制成的实心球。到了唐代,蹴鞠由实心球变成充气的空心球。宋代时采用里缝法,球面更加光滑,并且此时蹴鞠流行起来。

什么是乞巧节?

乞巧节也被称为七夕节,是中国的一个传统节日,每年农历七月初七庆祝。这个节日源于古代的传说,讲述了牛郎织女相爱却被分隔的故事。在乞巧节，女性们会进行各种活动，如穿针引线、展示手工艺品，以祈求智慧和技巧，这些活动被称为"乞巧"。

"建安七子"都有谁？

"建安七子"是汉末建安年间（196—220年）七位文学家的合称，包括孔融、陈琳、王粲、徐幹、阮瑀、应玚、刘桢。这七人的作品大体上代表了建安时期除曹氏父子（曹操、曹丕、曹植）外的文学成就。

"巫蛊之祸"说的是哪件事？

巫蛊为古代的一种巫术。当时人认为使巫师祠祭或以桐木偶人埋于地下，诅咒所怨者，被诅咒者即有灾难。

征和二年（前91年），丞相公孙贺之子公孙敬声被人告发为巫蛊咒武帝，公孙贺父子下狱死。武帝宠臣江充奉命查巫蛊案。江充与案道侯韩说、宦官苏文等人诬陷太子刘据，太子恐惧，起兵诛杀江充，后遭武帝镇压兵败，皇后卫子夫和太子相继自杀。壶关三老和田千秋等人上书讼太子冤，终于清醒过来的武帝夷江充三族，烧死苏文。于太子被害处作"归来望思之台"，以志哀思。此事件牵连者达数十万人，史称"巫蛊之祸"。

什么是"独角戏"？

"独角戏"也作"独脚戏"。最初指只有一个角色的戏。后来由此衍生出"唱独角戏"，比喻一个人独自做本来需要多人做的工作。独角戏亦指"滑稽戏"，曲艺的一种，流行于上海、杭州、苏州等地，和北方相声相近。

戏曲里面的"五大行当"分别是什么？

戏曲角色的五大行当分别是生、旦、净、末、丑。生指男性，分为：小生、老生、武生、娃娃生；旦指女性，分为：花旦、刀马旦、老旦、正旦（青衣）；净指男性花脸；末指年纪较大的男性；丑指丑角，分为文丑与武丑。

为什么戏曲班被称为"梨园"？

梨园原是唐代都城长安的一个地名，因唐玄宗（唐明皇）李隆基在此地教演艺人，后来就与戏曲艺术联系在一起，称戏曲班为"梨园"，称戏曲演员为"梨园弟子"。

历史上是谁"对牛弹琴"？

对牛弹琴是战国时期公明仪的故事。公明仪对音乐有极深的造诣，善于弹琴。有一年春天，他带着琴到城郊的田野散步，发现了一头大公牛。他突发奇想要为这头牛演奏一曲，于是拨动琴弦，对着这头牛弹奏了一首高雅的《清角之操》。但是那头牛根本不理会，仍然低着头继续吃草。因为牛并不能理解曲子中的美妙意境。后来，人们就用"对牛弹琴"来比喻对愚蠢的人讲深刻的道理，也用来讽刺人说话不看对象。

什么是"永"字八法？

"永字八法"其实就是以"永"这个字的八个笔画为例，代表中国书法中楷书点画用笔的一种方法，分别是：侧、勒、弩、趯、策、掠、啄、磔。

绘画为什么被称为"丹青"？

丹指丹砂，青指青䨼（huò），本是两种可作颜料的矿物。因为我国古代绘画常用朱红色和青色两种颜色，所以"丹青"成为绘画艺术的代称。

《水浒传》中梁山泊是什么地方？

梁山泊，古湖泊名，文献中也作梁山泺，位于今山东梁山、郓城、巨野等县间。南部梁山以南，本是大野泽的一部分，从五代到北宋，溃决的黄河水多次灌入，面积逐渐扩大，湖面北移，环梁山皆成巨浸始称梁山泊。北宋以来，常成为农民起义军的根据地，相传宣和年间，宋江起义军曾屯集于此。

《西游记》中唐僧的人物原型是谁？

《西游记》中唐僧的原型是唐朝和尚玄奘。玄奘本姓陈，名祎，洛州缑氏（今河南偃师缑氏镇）人。13岁出家，20岁受具足戒。曾游历各地，拜访名师，因为感到各位名师所说不一，各种经典也不尽相同，于是决定西行求法。

史书记载，玄奘西行求法，往返17年，旅程五万里，所历"百有三十八国"，带回大小乘佛教经律论共520夹，657部。

《三国演义》中"五虎上将"分别是谁？

"五虎上将"的说法出自《三国演义》，是指汉末三国时期，跟随刘备建立蜀汉政权的五位将军，分别为关羽、张飞、赵云、马超、黄忠。

"七擒孟获"历史上发生过吗？

在正史《三国志》中，并没有关于七擒孟获的记载。七擒孟获的故事最早见于东晋习凿齿撰《汉晋春秋》，但只是基于当时的传说，有不合情理之处。南朝宋史学家裴松之在为《三国志》作注时引用了这个故事。因为《三国演义》是根据《三国志》和裴松之注撰写的，其中许多情节有艺术加工成分，七擒孟获的故事就是在裴松之注的基础上虚构的一部分。

现在的《百家姓》为什么按照"赵钱孙李"的顺序排列？

《百家姓》编撰于宋代，因为宋朝皇帝姓赵，"赵"理所当然排在第一位。钱镠曾在吴越地区（今江浙一带）建立吴越国，为当地百姓做了不少贡献，当地人都很感念钱王的恩德，而《百家姓》作者据说就是江浙一带人士，所以"钱"就放在了第二位。"孙"是钱镠之孙钱俶正妃的姓，"李"是当时江南望族李氏的姓，于是排在第三位和第四位。

"明修栈道，暗度陈仓"讲的是什么事？

刘邦去汉中的途中烧绝了栈道，向项羽表示无意东归与之争夺天下。数月后，刘邦出兵反击。派少量军兵去修复栈道，装作准备通过栈道出兵，吸引对方的注意力。实际上他却率部绕道袭击陈仓，出其不意，占领了关中。后用"明修栈道，暗度陈仓"指在表面上用某一行动迷惑对方，但在暗中却采取另一种行动达到目的。

古代有图书馆吗？

古代有图书馆。周朝时已经有图书馆了，当时称为"盟府"，也叫"故府"。至汉代，朝廷又开始建图书馆，当时称"秘阁""秘府"，设专职官员管理。之后，直到清末，政府图书馆也没有消失过。

"金陵十二钗"指的是谁？

"金陵十二钗"是名著《红楼梦》里太虚幻境"薄命司"里记录的金陵（今南京）12个女子的统称，她们分别是林黛玉、薛宝钗、贾元春、贾探春、史湘云、妙玉、贾迎春、贾惜春、王熙凤、贾巧姐、李纨、秦可卿。

"闻鸡起舞"说的是谁？

"闻鸡起舞"说的是祖逖、刘琨。东晋时期将领祖逖年轻时就很有抱负，每次和好友刘琨谈论时局，总是慷慨激昂，满怀义愤。为了报效国家，他们在半夜一听到鸡鸣，就披衣起床，拔剑练武。后用"闻鸡起舞"来比喻有志向的人发奋图强。

《四库全书》中的"四库"是哪四库？

《四库全书》全称《钦定四库全书》，是清代乾隆时期编修的大型丛书。在乾隆的主持下，由纪昀等学者耗时14年编成。分经、史、子、集四部，故名"四库"。

清末四大藏书楼指的是哪四座？

在清末的众多私家藏书楼中，常熟瞿氏铁琴铜剑楼、山东聊城杨氏海源阁、归安（今浙

江湖州）陆氏皕宋楼以及钱塘（今浙江杭州）丁氏八千卷楼合称为清末四大藏书楼。

"诗三百"的名称来源于哪里？

《诗经》约成书于春秋中期，起初叫作《诗》。因为后来传世的版本总共记载有305首，为了叙述方便，就称作"诗三百"。

"韦编三绝"来源于哪里？

"韦编三绝"是指孔子勤读《易经》，致使编联竹简的皮绳多次脱断。后用来比喻读书勤奋，刻苦治学。

"天一阁"是用来做什么的？

"天一阁"是藏书楼。明嘉靖四十年至四十五年（1561—1566年），兵部右侍郎范钦开始于宅东建造藏书楼，并命名为"天一阁"，当时藏书七万余卷。

什么是"打油诗"？

打油诗是一种富于趣味性的俚俗诗体，相传是因为唐代作者张打油而得名。他的《咏雪》："江上一笼统，井上黑窟窿。黄狗身上白，白狗身上肿。"其开创了一个崭新的打油诗体。后世称这类诙谐幽默、小巧有趣的诗为"打油诗"。

历史上有"唐伯虎点秋香"吗?

唐伯虎和《唐伯虎点秋香》中的"华太师"华察两个人在历史上是真实存在的,但是华察比唐伯虎年少,"唐伯虎点秋香"这件事是虚构的。

相声的发源地在哪里?

相声有三大发源地:北京天桥、天津和南京夫子庙。

京剧脸谱的颜色有什么讲究?

可以用脸谱的颜色去区分人物性格。红色的脸谱表现赤胆忠心;紫色代表智勇双全;黑色代表耿正忠义;水白色表示奸险狡诈、手段残忍;油白色表示嚣张跋扈;蓝色表现坚强英勇;绿色表现侠义之士;黄色表示凶残狂暴;粉红色象征忠义的老将士;金色和银色多象征神仙或鬼怪。

大唐"剑圣"指的是谁?

大唐"剑圣"指的是裴旻,他是唐开元年

间的人，以高深莫测的剑术闻名于世，唐文宗御封裴旻为"剑圣"。

"唐代三绝"指的是?

唐代三绝即"李白诗歌""裴旻剑舞""张旭草书"。唐朝文宗皇帝之时，曾向全国发出了一道罕见的诏书，御封李白的诗歌、张旭的草书、裴旻的剑舞为大唐"三绝"。

"草圣"指的是谁?

"草圣"是指在草书技法上最高水平的人。中国书法史上被尊称为"草圣"者主要有3人。东汉张芝创章草，是书法界具有划时代意义的书法巨人。后唐代张旭创狂草，名冠一时。唐代怀素继张旭之后把狂草推向了峰尖。

"才高八斗"说的是谁?

"才高八斗"说的是曹植。南朝诗人谢灵运在称颂三国时期魏国诗人曹植时曾说："天下才共一石，曹子建（曹植，字子建）独占八斗，我得一斗，天下共分一斗。"

"四灵"指的分别是什么？

"四灵"是指我国古代象征吉祥之物，分别是龙、凤凰、麒麟、龟。

我国现存最早的神话小说集是哪部？

我国现存最早的神话小说集是《搜神记》。《搜神记》是东晋初年著名史学家、文学家干宝所撰，以辑录鬼怪神仙故事为主。

古代诗人常用什么代指书信？

古代书信别称有：翰、华翰、函、缄、书简、双鲤等。"翰"本义是指鸟羽。古时曾用羽毛为笔，写信要用笔，因此用与此相关的字词和"翰"构成双音节词来代称书信，例如尺翰、书翰、札翰等；"华翰"是对他人来信的美称；"函"指封套，相当于现在的信封，一封信就称为一函，因此"函"也被用来代指书信；"缄"指用来捆绑器物的绳索，书信一般也需要密封，因此就用"缄"来代称书信；"书筒"是指盛书信的筒，也用来代指书信；"双鲤"是指用两块雕刻有鲤鱼图案用来放书信的木盒，也就是书信的封套，后用作书信的代称。

为什么用"学富五车"来形容一个人很有学问?

"五车"出自《庄子·天下》:"惠施多方,其书五车。"所谓"其书五车"是指惠施的藏书丰富可装五辆车。古时的书都是用竹简(片)制成的,每片上刻有字,串起来就成了书。当时的五车书虽与现在的五车书不可等量齐观,但拥有五车藏书也算很有学问了。

"劳燕分飞"中的"劳"指的是什么?

这里的"劳"是指伯劳这种鸟类,其能用喙啄死大型昆虫、蜥蜴、鼠和小鸟。"劳燕分飞"出自《乐府诗集·东飞伯劳歌》"东飞伯劳西飞燕,黄姑织女时相见",意思是伯劳、燕子各自飞走,比喻夫妻、情侣离别。

什么是章回体小说?

章回体小说为中国长篇小说的一种传统形式,即分章回叙事。源于宋代平话,确立于元末,以长篇小说《水浒传》和《三国演义》为标志。其特点是将全书分为若干章节,称为"回"。

什么是杂剧?

杂剧是一种把歌曲、宾白、舞蹈结合起来的中国传统艺术形式。最早见于唐代,泛指歌舞以外诸如杂技等各色节目。到了宋代,杂剧在唐代参军戏和其他歌舞杂戏的基础上逐渐发展成为一种兼具众艺之长的新表演形式。到了元代,形成了用北曲演唱的古典戏曲,即"元杂剧",是成熟戏剧形态的重要标志。

"正始文学"的代表文人有哪些?

"正始文学"包括三国魏正始年间直到西晋立国这一段时期的文学创作。正始时期著名的文人,包括"正始名士"和"竹林名士"。前者代表人物是何晏、王弼、夏侯玄。后者又称"竹林七贤",指阮籍、嵇康、阮咸、山涛、向秀、王戎、刘伶。

什么是五言诗?

五言诗是古代诗歌体裁之一。是指每句五个字的诗体,全篇句数不定,但每句皆为五字。

什么是宫体诗?

宫体诗是指产生于宫廷的以描写宫廷生活为基本内容的诗歌。"宫体"既指一种描写宫廷生活的诗体,又指在宫廷所形成的一种诗风,始于南朝梁简文帝萧纲。

什么是花间词派?

花间词派是中国古代诗词流派之一。出现于晚唐五代时期,产生于西蜀,得名于赵崇祚编辑的《花间集》。花间词派奉温庭筠为鼻祖。这一词派大都以婉约的表达手法,写女性的美貌、服饰以及她们的离愁别恨。

明朝三大才子分别指的是谁?

明朝三大才子分别是解缙、杨慎、徐渭。解缙曾担任《永乐大典》的总编纂官。杨慎博学多才,人称"无书不读"。徐渭在诗、书、画和兵法方面都有很深的造诣。

南宋中兴四大诗人分别是谁?

南宋中兴四大诗人指尤袤、杨万里、范成大、陆游,他们又被称为"南宋四大家"。

文献中所说的"三通"是什么?

文献中的"三通"指唐朝杜佑的《通典》、

宋朝郑樵的《通志》、宋元之际马端临的《文献通考》。

什么是别史?

别史是史书分类名目之一,类目中包括"上不至于正史,下不至于杂史"的书。

般若是什么意思?

般若是佛教名词,从梵文音译过来,意思是智慧。

什么是彩陶文化?

彩陶文化是新石器时代早、中期的代表性文化,彩绘花纹题材繁多。我国新石器时代的仰韶、马家窑、大汶口等文化中,均发现有彩绘花纹的陶器。彩陶即于陶坯表面,施以红、黑色颜料绘制的动植物象生花纹或几何花纹。烧成后,附于器表,不易脱落,故称彩陶。

什么是参伍之道?

参伍之道是战国末思想家韩非提出的国君考察臣子的认识方法。韩非指出:"参伍之道:行参以谋多,揆伍以责失。行参必拆,揆伍

必怒。不拆则渎上，不怒则相和。拆之征
足以知多寡，怒之前不及其众。"

什么是禅宗？

禅宗又名佛心宗，是佛教中国化后的宗派
之一。因主张修习禅定，故名禅宗。

"五陵年少争缠头"中的"缠头"是什么意思？

古代歌舞艺人演出结束时，客人会赠送锦
缎，并缠在其头上，称缠头。后来，缠头
作为赠送艺人财物的通称。

第二章

衣食住行　生活百态

茶叶的品种有多少？

我国茶叶的品种可以分为绿茶、白茶、黄茶、乌龙茶（青茶）、红茶、黑茶这六大类。每类都有其特定的品种和风味特点。例如，绿茶是不发酵茶，具有清汤绿叶的特性，茶性偏寒；白茶是微发酵茶，茶性清凉；黄茶是轻发酵茶，茶性微寒；乌龙茶（青茶）是半发酵茶，茶性偏温和；红茶是全发酵茶，茶性温和；黑茶是后发酵茶，茶性温和。

中国十大名茶都有哪些？

人们对名茶的概念不十分统一，以下名单可供参考：

1915年巴拿马万国博览会将碧螺春、信阳毛尖、西湖龙井、黄山毛峰、六安瓜片、都匀毛尖、安溪铁观音、武夷岩茶、祁门红茶、君山银针列为中国十大名茶。

1959年中国"十大名茶"评比会将洞庭碧螺春、信阳毛尖、西湖龙井、黄山毛峰、六安瓜片、安溪铁观音、武夷岩茶、祁门红茶、庐山云雾、君山银针列为中国十大名茶。

2001年美联社和《纽约时报》将洞庭碧螺春、信阳毛尖、西湖龙井、黄山毛峰、六安瓜片、都匀毛尖、安溪铁观音、蒙顶甘露、庐山云雾、银毫茉莉花茶列为中国十大名茶。

"绿蚁新醅酒"指的是什么酒？

"绿蚁新醅酒"指的是新酿造的未经过滤的酒。当酒未经过滤时，酒的表面会浮起酒渣，呈微绿色，细如蚁，这种泡沫被称为"绿蚁"。

"五谷"分别是什么?

古时候的主要粮食作物称"五谷",按照一般说法,"五谷"分别指的是稻、黍(黄米)、稷(古代称一种粮食作物,有谷子、高粱、不黏的黍三种说法)、麦、菽。

辣椒是什么时候传入中国的?

辣椒原产于中南美洲热带地区,于16世纪后期,也就是明朝时期传入中国。

古人吃的糖有哪几种?

古人吃的糖有三种,一为饴糖,二为蜂蜜,三为蔗糖。饴糖是一种以米、淀粉和麦芽经过糖化熬煮而成的糖,呈黏稠状,俗称"糖稀",主要成分为麦芽糖、葡萄糖、糊精。蔗糖是用甘蔗或甜菜制成的糖。

古人是用什么材料制作红糖的?

古人熬红糖,在南方用的是甘蔗,在北方用的是甜菜。熬煮甘蔗汁或甜菜液便能得到含有很多杂质并且呈现红棕色的糖块,这种方法做出来的糖就叫红糖。

盐的来源有哪些?

盐按照原料来源可分为4类:海盐、湖盐、

井盐和矿盐。用海水晒制而得的盐叫作海盐；从盐湖中直接采出的盐和用盐湖卤水晒制而成的盐叫作湖盐；通过打井的方式抽取地下卤水进而煮卤制成的盐叫作井盐；开采岩盐矿床制得的盐叫作矿盐。由于岩盐矿床有时与天然卤水盐矿共存，加之开采岩盐矿床钻井水溶法的问世，故又有井盐和矿盐的合称——井矿盐。

可以食用的植物油有哪些？

植物油是从植物的果实、种子、胚芽中得到的油脂，食用植物油有玉米油、花生油、大豆油、菜籽油、亚麻籽油、橄榄油、椰子油、棉籽油、芝麻油等。

为什么做酱的原料多用大豆和面粉？

大豆含有较高的蛋白质，面粉含淀粉较多。蛋白质和淀粉同时存在，更适宜多种有益霉菌的繁殖，霉菌菌体大量产生各种酶，把原料中的营养成分分解，从而产生了风味独特的豆酱。

最早的酱是用什么制作的？

《说文解字》中记载道："酱，醢也。从肉从酉，酒以和酱也。"就是说，最初的酱是用酒来拌和肉做的，所以古代时酱也叫"醢"。酱刚被发明出来时并非调料，而是一种高级的美味食品，只有王侯贵族才能享用到。

调味品中的"五香"指的是？

"五香"通常指烹调食物所用的茴香、花椒、八角、桂皮、丁香这5种主要香料。

辣椒传入我国之前，民间常用什么作为辛辣调料？

辣椒传入我国之前，民间常用花椒、姜、茱萸作为辛辣调料。

醋是怎么发明的？

相传，最早的醋是酒圣杜康的儿子黑塔发明的。杜康发明了酒，他儿子黑塔也学会了酿酒技术。后来，黑塔觉得酿酒后把酒糟扔掉是很可惜的事，就把酒糟存放在缸里浸泡。21天后的酉时，黑塔开缸闻到了一股香气，他尝了一口，酸甜兼备，味道很美，便贮藏着作为"调味浆"。黑塔把"廿"（二十）、"一"、"日"加"酉"字命名为"醋"。

寻常百姓是什么时候吃上炒菜的？

宋朝时期，我国炼铁技术迅速发展，铁锅成为寻常百姓家的炊具，炒菜也在这时候普及开来。

古人吃火锅吗？

火锅的历史非常悠久，从先秦开始，人们就已经在鼎中用沸水煮食物。相传，到了宋代，人们开始用火锅涮肉吃。蒙古族人外出时为了方便，将羊肉薄切，在沸水中涮一下即熟。后来辣椒等调味料传入中国，人们开始在火锅中加入这些辛辣调料，逐渐发展成现在的火锅。

古人多以什么为主食？

粟、黍、麦、稻、菽是古代人主要的主食。粟是小米，先秦到唐宋之前一直是中国人的第一主食。黍是大黄米，排在古代主食榜第二位。麦和稻在宋朝奠定了"南稻北麦"的主食格局。菽，古代泛指一切豆类。在古代粮食产量不足的时候，豆类也是古人的重要食粮。

古人一天吃几顿饭？

从史料上来看，秦汉及以前民间一天只吃早、晚两顿饭，流行"两餐制"；魏晋以后，"午食"的概念才逐渐形成，"三餐制"在唐代时已很普及，成为寻常人家的基本用餐风俗。

馒头是谁发明的？

相传，馒头是三国时期蜀汉丞相诸葛亮发明的，但中国人吃馒头的历史，至少可追溯到战国时期。三国时，馒头有了自己正式的名称，谓之"蛮头"。蛮地以人头祭神，诸葛亮南征孟获，发明形状为人头形、用面裹肉的"蛮头"，用"蛮头"代替人头祭神。

冬至吃饺子是怎么兴起的？

相传，东汉末年的一个冬天，医圣张仲景看到乡亲们的耳朵都冻烂了，便让弟子搭医棚，支大锅，在冬至那天送"祛寒娇耳汤"医治冻疮。他把羊肉、花椒和祛寒药材放在锅里熬煮，然后将羊肉、药物捞出来切碎，用面皮包上，做成耳朵样的"娇耳"，煮熟后，和汤一起分给来求药的人。人们吃了"娇耳"，喝了"祛寒汤"，浑身暖和，冻伤的耳朵都治好了。后人学着"娇耳"的样子，包成食物，也叫"饺子"或"扁食"。

元宵和汤圆一样吗？

元宵和汤圆不完全相同，它们的主要区别在制作工艺上。元宵是将馅料放在糯米粉中滚动制成的，而汤圆则是用糯米粉制成柔软的面团后，将馅料包裹进面团中制成。由于制作工艺不同，元宵通常较为筋道并带有硬实感，汤圆则因为是用糯米粉面团包裹而成的，口感较软糯。

现在的佛跳墙一般含有什么食材？

佛跳墙属闽菜系，是福建省福州市的一道特色名菜，又名福寿全。佛跳墙通常选用鲍鱼、海参、鱼唇、鱼肚、杏鲍菇、蹄筋、花菇、墨鱼、瑶柱、鹌鹑蛋等汇聚到一起，加入高汤和福建老酒，再以文火煨制而成。

佛跳墙的名字是怎么来的?

佛跳墙的名字与一句诗有关系。传闻清朝时一次文人聚会的筵席上有这道菜,文人们品尝后纷纷叫好,有人即席赋诗曰:"坛启荤香飘四邻,佛闻弃禅跳墙来。"从此,这道菜就叫作"佛跳墙"。

狗不理包子为什么叫这个名字?

狗不理包子铺本名"德聚号",距今已有百余年的历史。店主叫高贵友,父母给他起了个"狗子"的小名。由于他做的包子口感柔软、鲜香不腻,吸引了十里八乡的人们都前来吃包子,"狗子"忙得顾不上招呼客人,人们都说"狗子卖包子不理人"。久而久之,人们喊顺了嘴,把他所经营的包子称作"狗不理包子"。

叫花鸡是怎么做出来的?

相传,叫花鸡是明朝年间出现的美食。明朝时,江浙地区的一名乞丐(叫花子)在没有合适的器皿烹饪的情况下,将鸡用泥巴封住,然后放在火堆里烤制而成。

开始使用筷子的并无明确记载，但至少已有3000年历史。《韩非子·喻老》中记载："昔者纣为象箸，而箕子怖。"纣王为商朝末期的国君，可见3000多年前就已经出现象牙筷子了。

"茶圣"指的是谁？

唐代学者陆羽精于茶道，以著《茶经》而闻名于世，对世界茶业发展做出了卓越贡献，被誉为"茶仙"，尊为"茶圣"。

"酒圣"指的是谁？

"酒圣"指的是杜康。杜康是古代传说中酿酒的发明者，黄帝时人，一说为夏朝人或周朝人。因杜康擅长酿酒，后世将杜康尊为"酒圣"，制酒业则奉杜康为祖师爷。后世多以"杜康"借指酒。

什么是"刀耕火种"？

"刀耕火种"是新石器时代残留的农业耕作方式，以刀、斧砍伐地面上的草木，晒干后用火焚烧，在空出的地面上播种农作物。不翻地，利用地表草木灰作肥料，播种后也不再施肥，属于原始的耕作方法。

为什么把路费叫作"盘缠"?

古代的钱币是中间有孔的金属硬币，当时常用绳索将1000个钱币穿成串再吊起来。人们在出远门办事、探亲之时，把铜钱盘起来缠绕腰间，既方便携带又安全，因此古人将这又"盘"又"缠"的旅费叫作"盘缠"。

古人最早用什么清洁牙齿?

古人最早主要使用酒、醋、盐水、茶及温水漱口，后来发明了一种专门的药粉擦牙。

古代最早的牙刷是什么时候出现的?

最早的牙刷并不是人工制造出来的，而是取自大自然中的物件，比如杨柳枝。当时，人们把柳枝浸在水里，要使用时，就用牙齿反复咀嚼柳枝，柳树中的树纤维就像一把小木齿梳子，将口腔中的残留物带走。真正意义上的牙刷最早出现于秦汉时期。当时，牙刷柄采用青铜制成，牙刷柄顶端形似漏斗口，此处可安插动物毛发来刷牙。

古人常用什么洗衣服?

古代人洗衣服常常采用一些天然的具有洗涤作用的植物，比如皂角。皂角含有皂苷，这种物质对于清洁污垢效果显著。

古人什么时候开始用牛耕地?

春秋战国时期，人们开始使用牛耕技术。之前的中原地区使用被称为耒耜的脚踏耕具。

"市井"用来表示什么?

古时候，"市井"用以指做买卖的地方。《初学记》中记载道："或曰：古者二十亩为井，因井为市，故云也。"

大红袍的名字是怎么来的?

关于大红袍的名字，流传最广泛的故事与明朝的丁显有关。明朝洪武十八年（1385年），丁显赴京赶考，途经武夷山时，不幸染上重病。当地的和尚用一种茶叶泡的水缓解了他的病痛。后来丁显考中了状元，他前去寻找那位和尚报答救命之恩。在得知是一种茶叶治病后，丁显脱下自己的大红袍披在茶树上表示对茶叶的敬意。从此以后，这茶就被称为"大红袍"，名声远扬。

什么是丝绸之路？

丝绸之路是一个历史悠久的贸易和文化交流路线，广义上分为陆上丝绸之路和海上丝绸之路。狭义的"丝绸之路"是指起始于古代长安，经甘肃、新疆，到中亚、西亚，并连接地中海各国的陆上通道。这条路线主要用于古代中国与外界的贸易往来，特别是丝绸的贸易，因此得名丝绸之路。"海上丝绸之路"是古代中国与外国交通贸易和文化交往的海上通道，该路主要以南海为中心，所以又称南海丝绸之路。

乌龙茶的名字是怎么来的？

乌龙茶名字的来源有很多传说：一是产地说；二是茶树品种说；三是制茶之人名称说；四是根据茶叶形态、色泽命名说。乌龙茶的名字也可能来源于茶叶的形态，茶叶在晒、炒、焙加工之后，色泽乌黑，条索（各类干茶具有的一定外形规格）似鱼（也有比作龙的说法），在水中泡开后犹如乌龙入水，故而得名。

腊八粥是用什么材料做的?

腊八粥的传统食材包括大米、小米、玉米、薏米、红枣、莲子、花生、桂圆和各种豆类。喝腊八粥是腊八节的习俗,起源于宋代。

东坡肉是怎么来的?

元祐四年(1089年)五六月间,浙西一带大雨不止,杭州知州苏轼组织民工疏浚西湖,筑堤建桥。杭州的百姓很感谢苏轼,听说他在黄州时最喜欢吃猪肉,于是过年时大家就抬猪担酒来给他拜年。苏轼收到后,便指点家人将肉切成方块,烧得酥酥软软的,分送给参加疏浚西湖的民工们吃,大家吃后无不称奇,把他送来的肉亲切地称为"东坡肉"。

有哪些蔬菜是从国外传进来的?

黄瓜、茄子是从印度传入;玉米、红薯、西红柿从南美洲传入;菠菜从波斯传入。

古代农民耕地的农具有哪些?

古代农民用于耕地的农具有:耒耜、铲、锹、镰、镢、直辕犁、曲辕犁、竹耙、锄、翻车、耧犁、代耕架等。

曲辕犁是什么时候出现的？

曲辕犁是唐朝人发明的耕犁。它的辕是弯曲的，为了区别直辕犁，于是命名其为曲辕犁。

古代没有冰箱，夏天是如何制作冰块的？

除去冬季提前采冰放到地窖里储存之外，古人若想在夏季用冰，还有硝石制冰的办法。具体制作方法是取大小两个盆，先往大盆中注一些水，小盆中也注一些水，再将小盆放在大盆中，保证大盆中的水不淹没小盆。之后，在大盆中倒入硝石，同时不断搅拌，硝石会不断吸收盆中水的热量，小盆中的水便会结成冰块。

女子是什么时候开始戴耳饰的？

根据考古发现，最早的耳饰可以追溯到新石器时代。在甘肃礼县高寺头出土的一件陶塑少女头像，就可以看到其耳部有明显的穿孔。

满汉全席指的是什么？

满汉全席兴起于清代，是集满族与汉族菜点之精华而形成的历史上著名的中华大宴。

乾隆年间李斗所著《扬州画舫录》中记有一份满汉全席食单，是关于满汉全席的最早记载。满汉全席一共有108道菜式，分为蒙古亲藩宴、廷臣宴、万寿宴、千叟宴、九白宴、节令宴六类。

陶渊明"不为五斗米折腰"，"五斗米"大约有多少斤？

"五斗米"大约有75斤米。1斗是10升，1升米约是1.5斤米，5斗就是50升，即75斤。

古代的私人旅店是什么时候出现的？

春秋时期，流动人口增多，私人旅店也在这时出现。

哪些食物可以算作杂粮？

杂粮通常是指稻谷、小麦以外的粮豆作物。主要有：玉米、高粱、谷子、荞麦（甜荞、苦荞）、燕麦（莜麦）、大麦、糜子、黍子、薏仁、籽粒苋以及大豆、菜豆（芸豆）、绿豆、小豆（红小豆、赤豆）、蚕豆、豌豆、豇豆、小扁豆（兵豆）、黑豆等。

张骞出使西域带回来了哪些农作物种子?

张骞出使西域,带回来了约9种农作物,分别为:核桃、蚕豆、芝麻、葡萄、石榴、香菜、胡萝卜、黄瓜、大蒜。

古人用什么方法防止食物腐烂?

古人用来防止食物腐败、延长保质期的办法有:干制、加盐、加糖、加酒、熏制、发酵等。

古人最早吃上冰激凌是什么时候?

古人最早食用类似冰制甜品是在唐代。唐代的冰激凌叫"酥山",是在酥(一种由奶油制成的奶制品)中加了蜂蜜或糖,然后把酥加热到松软,向盘子一类的器皿上滴淋,一边淋一边做出山峦的造型,然后放到冰窖里冷冻。经过冷冻,"酥山"定型后像一座洁白的雪山,入口即化。

粽子是怎么来的?

粽子起源于战国时期,楚国爱国诗人屈原听闻楚国国都被破,于农历五月初五投汨罗江自尽。当时的楚国人民纷纷发起行动,或划船寻找屈原尸首,或投入饭团希望鱼儿不要啃食屈原尸首，随着时间的演变，五月初五这天有了赛龙舟和吃粽子的习俗。

中国八大菜系具体指？

清朝初年，川菜、鲁菜、淮扬菜、粤菜，成为当时最有影响力的地方菜，被称作四大菜系。到了清朝末年，浙菜、闽菜、湘菜、徽菜四大新地方菜系分化形成，共同构成中国饮食的八大菜系。

烧卖的名字有什么说法？

烧卖的名字来源于其形状和烹饪方式。"烧卖"古称"稍麦"，类似包子，皮薄如纸，馅料丰满，上端捏成碎褶，上笼蒸制而成。据古书记载，"当顶撮细似线稍系，故曰稍麦"。

中国五大面食指的是什么？

中国五大面食说法不一，一般是指：山西刀削面、河南烩面、四川担担面、北京炸酱面、武汉热干面。

古代住房为什么讲究"前不栽桑，后不栽柳"？

"前不栽桑"是因为"桑"与"丧"谐音，古人认为出门见桑不吉利；"后不栽柳"是因为"柳"与"流"谐音，古人认为柳树栽于宅后容易导致财富流失。

"深衣"是什么衣服？

深衣是直筒式的长衫，把衣、裳连在一起包住身子，分开裁但是上下缝合，因为"被体深邃"而得名。

"胡服骑射"中的"胡服"具体是什么样式的？

"胡服"是北方游牧部落所穿的服饰，胡服有着窄袖短衣、长鞡靴、蹀躞带、带钩等特点，这种服饰便于骑马。

"上衣下裳"是什么时候出现的？

"上衣下裳"相传起源于传说中的黄帝时代，《易·系辞下》中记载道："黄帝、尧、舜垂衣裳而天下治，盖取诸乾坤。"

古人能吃牛肉吗？

牛对于古代农耕来说非常重要，因此历代都有法律规定禁止杀牛吃肉。但是法律只规定了不能杀牛，对于那些自然死亡的牛，还是

可以吃的。

不管是小说中还是影视剧中，为什么古人的酒量都很好？

这是因为古代的酿酒工艺比较粗糙，导致酒精浓度无法精确控制，古代酒的最高酒精浓度也相对较低。历史资料表明，古代的酒大多都在十度以下，有的和现在的啤酒一个度数。所以古代人喝个几碗酒也就不算什么稀奇事了。

古人冬天怎么取暖？

古人取暖主要有两种方法，一是火墙，二是火盆和手炉。火墙在秦汉时期就已经产生，是由炉灶、墙体和烟囱组成。炉灶生火后可以用热气让墙体变暖，然后通过烟囱排出烟雾。火盆是烧炭火用来取暖的盆；手炉是可携带的装有燃烧的木炭的小炉子，跟现在的暖水袋类似，不过暖水袋装的是热水，手炉装的是木炭。

古人会理发吗？

古人也需要打理头发，但是与现在的理发不同，古人理发就是简单地梳洗一下头发。古人崇尚"身体发肤受之父母"，一般不会剪头发。

古代一两银子约有多少克？

古代一两银子的重量是不固定的。秦和西汉时期，一两银子约为 16 克。东汉及魏晋南北朝时期，一两银子约为 14 克。唐至清代，一两银子的重量稳定在 37 克左右。

土豆是什么时候传入中国的？

土豆传入中国的时间大约是在 16 世纪，也就是明朝中后期，距今已有 400 余年。

古代没有导航，出行怎么认路？

在古代，人们通过记住地标和路程、听从经验和传闻、利用天文观测和地理知识、借助路边的指示牌和标志、依靠当地居民的帮助、使用地图和指南针等方法来保证自己能够准确到达目的地。

住宅门前两个石狮子起源于何时？

唐朝时的政府规划了"坊"，相当于现在的街区。坊有坊门，便于防火防盗。而坊门一般制成牌楼式，坊门柱由一对大石块夹着，以防风抗震、固定坊门。为了避免石块生硬单调，工匠们就在上面雕刻了狮子、麒麟等瑞兽，这就是用石狮子来护卫大门的由来。

门口摆放的石狮子有什么讲究？

看门的石狮子一般都是一雄一雌，而且是左雄右雌，符合中国传统"男左女右"的阴阳哲学。放在门口左侧的雄狮一般都雕成右前爪踩绣球或者两前爪之间放一个绣球，意为"张灯结彩（踩）""有求（球）必应"；而门口右侧雌狮则雕成左前爪抚摸幼狮或者两前爪之间卧一幼狮，意为"子嗣昌盛""千秋万代"。

古代从什么时候开始利用蚕丝纺织衣料？

结合考古的最新发现，研究者认为，中国丝绸的起源时间可能在黄帝时代。传说最早黄帝的妻子嫘祖将桑树上的蚕茧放到锅里煮，搅拌后抽出闪闪发亮的丝线。这就是最早的"缫丝"，嫘祖由此发明了纺织丝绸，人称"先蚕"。

蜀锦起源于什么时候？

蜀锦又称蜀江锦，是指起源于战国时期蜀地（今四川省成都市）出产的锦类丝织品，有2000多年的历史。

古代最早的厕所是什么样子的？

据考古学家勘测，早在5000年前的西安就有厕所出现了，那时的厕所就是离房子不远的土坑，为了掩盖气味，常用茅草遮盖。这一发现不仅证明了古代人类已经有了不再随地大小便的意识，还表明他们具备了一定的卫生意识。

古代房屋为什么多是木制而不用石材？

相比石材，木材具有取材方便、易于加工、适应性强等优势。并且在传统文化中，木材为"阳"，五行中"木"属东方，是生命之源，因此古人建造房屋时多选木材，建造陵墓时多选择石材。

古代常用的骡子最早可追溯到什么时候？

骡是马和驴杂交而生的动物。史籍记载最早可追溯到春秋时期，《吕氏春秋·仲秋纪》："赵简子有两白骡，而甚爱之。"

"春风不度玉门关"中的"玉门关"在哪个位置？	诗词中的"玉门关"位置大概在现在的甘肃省酒泉市敦煌市区西北小方盘城。
冬瓜成熟于夏天，但为什么叫作冬瓜？	冬瓜成熟的时候，表面上会有一层白色的东西，看上去像冬天结的白霜，所以叫冬瓜。
什么是汴绣？	汴绣指产于河南开封的刺绣。北宋时开封名称为汴京，故汴绣得此名。
什么是标商？	标商又称标客，明代专营贩运标布的商人。标布是明代松江（今属上海）所产的棉布。
什么是冰鉴？	古籍《周礼》中提到过一种用来储存食物的"冰鉴"。这种"冰鉴"与盒子形状类似，内部是空的。只要把冰放在里面，然后再把食物放在冰的中间，就可以对食物起到防腐保鲜的作用。
什么是毛鸡蛋？	毛鸡蛋又名旺鸡蛋、鸡仔蛋、毛蛋等。毛鸡

蛋是鸡蛋在孵化过程中受到不当的温度、湿度或者某些病菌的影响，导致鸡胚发育停止，死在蛋壳内的蛋。

什么是蚕市？

蚕市是古代集市的一种。蜀地旧俗，每年春时有蚕市，买卖蚕具兼及花木、果品、药材杂物，并供人游乐。

什么是钞本？

钞本有以下几种意思：一是指发行钞币的

本金；二是指照原稿或刻印本抄写的书；三是指一种供抄写用的簿本。

什么是车船？

车船是水上交通工具，是古代的螺旋桨推进船，但不能用于航海。

什么是春盘？

春盘是一种古代风俗，立春日以蔬菜、果品、饼饵等盛于盘中为食，或馈赠亲友，称其为春盘。帝王亦于立春前一天，以春盘并酒赐予近臣。

第三章

历史典故
智慧传承

"烽火戏诸侯"发生在什么时期?

"烽火戏诸侯"发生在西周末年。烽火是古代敌寇侵犯时的紧急军事报警信号,由国都到边镇要塞,沿途遍设烽火台。诸侯见了烽火,必须起兵赶来救驾。虢石父向周幽王献计令烽火台平白无故点起烽火,招引诸侯前来白跑一趟,以此逗引褒姒发笑。周幽王为博美人褒姒一笑,采纳了虢石父的建议,点燃烽火台戏弄诸侯。

"三家分晋"指的是哪"三家"?

"三家分晋"中的"三家"指的是韩、赵、

魏三家。三家分晋是指春秋末期战国初期，晋国被韩、赵、魏三家列卿瓜分的事件。司马光将其列为《资治通鉴》的开篇之作。

"春秋五霸"指的都是谁？

"春秋五霸"是春秋时期的五位霸主，一般指齐桓公、晋文公、秦穆公、楚庄王和宋襄公。

"战国七雄"是哪七国？

"战国七雄"是战国时期七个最强大的诸侯国的统称，分别是：秦国、楚国、齐国、燕国、赵国、魏国、韩国。

"完璧归赵"的主人公是谁？

"完璧归赵"的主人公是蔺相如。战国时，赵惠文王得到了世间罕见的美玉——和氏璧。秦昭王愿以15座城池交换玉璧，于是蔺相如带和氏璧出使秦国。秦王得到美玉却不想交换城池，蔺相如借口玉璧有损拿到手后威胁秦王要撞柱损毁玉璧，拖延了交付玉璧的时间，后又让手下人偷偷将和氏璧送回赵国。秦王恼怒万分，但又无可奈何，最后只得放蔺相如回国。

**"图穷匕见"
说的是什么
故事?**

"图穷匕见"说的是荆轲刺秦王的故事。战国末期，燕国太子丹让荆轲去行刺秦王。荆轲向秦王进献樊於期的头颅和燕国督亢的地图，地图卷打开时，露出了里面藏着的匕首。荆轲刺秦王以失败告终。

**秦始皇一统天
下，六国灭亡的
顺序是什么?**

六国先后灭亡的顺序依次是：韩国、赵国、魏国、楚国、燕国、齐国。

**"战国四公子"
是哪四位?**

"战国四公子"分别是魏国信陵君魏无忌、赵国平原君赵胜、楚国春申君黄歇、齐国孟尝君田文。

**"尊王攘夷"
是谁最先提
出来的?**

"尊王攘夷"一词源自春秋时代，最早由管仲提出。公元前679年，齐桓公召集宋、陈、卫、郑四国诸侯盟会。当时中原华夏各诸侯苦于戎狄等部落的攻击，于是管仲为齐桓公提出"尊王攘夷"的旗号，北击山戎，南伐楚国，成了中原霸主。

"城门立木"讲的是谁的故事？

"城门立木"的主角是商鞅。秦孝公六年（前356年）和十二年（前350年），商鞅先后两次实行变法。开始推行革新时，为了取信于民，商鞅派人在南城门竖立一木，并告知："谁人能将之搬到北城门，便赏赐十金。"秦民无人敢搬，后加至50金，于是有人扛起木头搬到北城门，果然获赏50金。百姓纷纷叹服，认为官府守信，便拥护改革，史称"徙木立信"。

"纸上谈兵"形容的是谁？

"纸上谈兵"的主人公是战国的赵括。战国时，赵国大将赵奢被赵惠文王提拔为上卿。他的儿子赵括从小熟读兵书、爱谈军事，别人往往说不过他。长平之战时，赵王派赵括替代廉颇抵抗秦军。赵括照搬兵书上的条文，结果40多万赵军尽被歼灭，他自己也被秦军的箭射中身亡。

"毛遂自荐"的故事发生在哪个时期?

"毛遂自荐"的故事发生在战国时期。战国时秦兵围困邯郸,赵国派遣平原君到楚国请求救兵。平原君计划带门客20人一同前往。找到19个人之后,还剩一人没有合适的人选。

门下有一个叫毛遂的人自我推荐,愿当最后一人,平原君认为有才能的人会像锥子一样,在囊中一定会突出来。得知毛遂已经来了三年却还不出名,认为他没有才能。毛遂则辩解说自己今天才有机会进入囊中,如果早就处在囊中,不仅是锥尖,自己的整个锋芒都会露出来,平原君最终同意毛遂一道前往楚国。

秦二世在皇子中的排行是第几?

胡亥即秦二世,亦称二世皇帝,嬴姓,赵氏,名胡亥。胡亥是秦始皇的第十八子。

鸿门宴的主要宾客有哪些?

鸿门宴的举办方是项羽,被邀请方是刘邦。鸿门宴上的主要人物有刘邦、张良、樊哙、曹毋伤、项羽、范增、项庄、项伯。宴席上项庄舞剑，意图刺杀刘邦，不过被项伯挡下，最后刘邦安然离席。

"成也萧何，败也萧何"形容的是谁？

"成也萧何，败也萧何"说的是西汉开国功臣韩信。"成也萧何"是指韩信成为大将军是萧何推荐的，"败也萧何"是指韩信被杀也是萧何出的计策。

"汉初三杰"指的都是谁？

"汉初三杰"指的是张良、萧何、韩信。汉高祖刘邦曾说："夫运筹帷幄之中，决胜千里之外，吾不如子房（张良字子房）；镇国家，抚百姓，给饷馈，不绝粮道，吾不如萧何；连百万之众，战必胜，攻必取，吾不如韩信。三者皆人杰，吾能用之，此吾所以取天下者也。"

"约法三章"的主人公是谁？

"约法三章"的主人公是刘邦。刘邦攻入咸阳后，为了取得民心，宣布"约法三章"：杀人者处死、伤人者和盗窃者抵罪。刘邦又派人到各县各乡去宣传，百姓们听了，都热烈拥护。由于坚决执行"约法三章"，刘邦很快就得到了百姓的信任。

"十面埋伏"讲的是哪场战役？

"十面埋伏"讲述的是垓下之战。楚汉相争时期，汉王刘邦重用淮阴人韩信。韩信被刘邦封为齐王后率大军和彭越的军队会师，把项羽围困在垓下。韩信采取十面埋伏的战术，逼使项羽在乌江自刎，取得决定性的胜利。

"但使龙城飞将在，不教胡马度阴山"中的"飞将"形容的是谁？

"飞将"形容的是汉朝的李广。李广曾因寡不敌众负伤被匈奴俘虏，匈奴兵将其被卧放在两马之间的绳网上，李广佯死，于途中趁机跃起，夺马返回。后李广任右北平郡太守，匈奴畏服，称之为"飞将军"，数年不敢来犯。

"凿壁偷光"的主人公后来下场如何？

"凿壁偷光"的主人公叫作匡衡，他由于小时候家境贫穷，为了晚上也能读书，凿穿墙壁，借着邻居透过来的灯光学习，一步步从郎中升到了丞相。后来匡衡的封地因为被错划了边界，多受封四百顷。匡衡知道后没有退还多收的田租，遭人弹劾，被贬为平民。

张良为什么刺杀秦始皇？

张良家曾是韩国贵族，家族世代为韩国宰相。秦灭韩，张良国破家亡，于是他散尽家资，找到一个大力士，为他打造了一只重达120斤的大铁锤，预谋在秦始皇出巡的时候刺杀他。当秦始皇的车驾临近博浪沙时，埋伏的大力士扔出铁锤，不过铁锤击中的是伪装的车驾。张良刺杀失败，后乔装逃脱。

"指鹿为马"的主人公是谁？

"指鹿为马"的主人公是赵高。秦二世胡亥当皇帝的时候，赵高把持朝政。在一次朝堂上，赵高把一只鹿献给秦二世，说："这是马。"二世笑着说："丞相错了吧，把鹿说成马了。"秦二世问旁边的人，有的人不说话，有的人附和赵高说是马，还有人说是鹿。事后赵高暗中把说是鹿的人杀掉，清除了朝堂上敢反对他的人。

"封狼居胥"是什么意思?

"封狼居胥"指西汉骠骑将军霍去病击败匈奴后,积土为坛于狼居胥山祭天以告成功。后以"封狼居胥"指建立显赫功绩。

"金屋藏娇"的主人公是谁?

"金屋藏娇"的主人公是汉武帝刘彻和他的第一任皇后陈阿娇。"金屋藏娇"正史无记载,来源于东汉班固撰(或以为南齐王俭作)小说《汉武故事》。汉武帝在小时候曾说如果能娶到表姐陈阿娇做妻子,就修一座金屋给她住。

第一次"党锢之祸"发生在什么时期?

党锢指古代禁止某一集团、派别及有关的人担任官职并限制其活动。第一次"党锢之祸"发生在东汉末期。东汉桓帝时宦官专权,士大夫李膺、陈蕃等联合太学生猛烈抨击宦官集团。于是,宦官诬告他们结为朋党,诽谤朝廷,李膺等200余人被捕,后虽释放,却终身不许做官。

"得陇望蜀"的故事发生在什么时候?

"得陇望蜀"的故事发生在东汉初年。东汉

初年，光武帝刘秀已经统一了中华大地的大部分地区，只有蜀地和陇西没有被平定。在讨伐陇西的西城、上邽两城的过程中，颍川、河东地区发生叛乱，刘秀急于赶回洛阳平定叛乱。临行时给大将军岑彭留下一封信，说："两城若下，便可将兵南击蜀虏。人苦不知足，既平陇，复望蜀。"意思是如果攻下西城、上邽两城后，不要满足于眼前的胜利，要乘胜进取，攻下蜀地，进而一统天下。

为什么说"司马昭之心，路人皆知"？

三国时期曹魏王朝的实权被司马氏掌握。司马昭位至大将军后大肆屠杀曹氏皇族人员。实为傀儡皇帝的曹髦召集亲信大臣，他说："司马昭之心，路人所知也。吾不能坐受废辱，今日当与卿等自出讨之。"曹髦亲自仗剑，带领300余人向司马昭发起进攻。由于事先有人告密，曹髦等人被当街杀死。后来，人们用"司马昭之心，路人皆知"来说明阴谋家的野心非常明显，已为人所共知。

"士别三日，当刮目相看"形容的是谁？

"士别三日，当刮目相看"形容的是三国时期吴国将领吕蒙。吕蒙最开始不喜欢读书，后来在孙权的劝导下开始勤奋学习。鲁肃掌管吴军后，上任途中路过吕蒙驻地，吕蒙摆酒款待他。鲁肃还停留在以往的印象中，觉得吕蒙有勇无谋。但在酒宴上两人纵论天下事时，吕蒙不乏真知灼见，让鲁肃很是震惊。鲁肃感叹道："非复吴下阿蒙。"吕蒙说："士别三日，即更刮目相待。"

"何不食肉糜"是谁说出来的？

"何不食肉糜"是晋惠帝司马衷说的，出自《晋书·惠帝纪》。书中记载原文："及天下荒乱，百姓饿死，帝曰：'何不食肉糜？'"意思是到了天下灾荒的年岁，百姓饿死，消息传到皇宫，司马衷竟然问这些人没有粮食吃为什么不吃肉粥，"何不食肉糜"这句话也因此流传开来。

"八王之乱"发生于什么时候？

"八王之乱"是发生于西晋时期的一场皇族争权的内乱。战乱参与者主要有汝南王司马亮、楚王司马玮、赵王司马伦、齐王司马冏、长沙王司马乂、成都王司马颖、河间王司马颙、东海王司马越。"八王之乱"是中国历史上严重的皇族内乱，当时社会经济遭到严重的破坏，导致了西晋亡国以及近300年的动乱，之后的中原北方进入十六国时期。

"风声鹤唳""草木皆兵"发生在哪场战役？

"风声鹤唳""草木皆兵"出自淝水之战。淝水之战是东晋十六国时期北方的统一政权前秦向南方东晋发起的侵略吞并的一系列战役中的决定性战役。前秦出兵伐晋，于淝水交战，最终东晋以少胜多。溃败的前秦士兵听到风声鹤鸣都害怕，看见草木摇动就疑心是敌兵追击，形容极度惊恐。

获得"天可汗"称号的是哪位皇帝？

"天可汗"是唐代少数民族首领对唐太宗李世民的尊称。李世民为帝之后，对内以文治天下，开创了中国历史上著名的贞观之治；对外攻灭东突厥与薛延陀，征服高昌、龟兹、吐谷浑，重创高句丽，设立安西四镇，被周边游牧部落尊称为"天可汗"。

"房谋杜断"分别指的是谁？

"房谋杜断"指的是房玄龄与杜如晦。唐太宗时，名相房玄龄多谋，杜如晦善断。后人以"房谋杜断"喻指同心协力，同掌朝政，谋划国家大事。

"安史之乱"的发动者是谁？

"安史之乱"的发动者是安禄山和史思明。"安史之乱"是唐玄宗末年由唐朝将领安禄山与史思明背叛唐朝发动的战争，是唐朝由盛而衰的转折点。

"口蜜腹剑"最初形容的是谁？

"口蜜腹剑"说的是唐玄宗时官居宰相的李林甫。《资治通鉴·唐纪·玄宗天宝元年》中记载道："李林甫为相，尤忌文学之士，或阳与之善，啖以甘言而阴陷之。世谓李林甫'口有蜜，腹有剑'。"

"靖康耻"指的是什么？

"靖康耻"是指北宋靖康二年（1127年）金

军南下攻取北宋首都东京，掳走徽、钦二帝，导致北宋灭亡的历史事件。

是谁发动的陈桥兵变？

陈桥兵变是赵匡胤发动的取代后周、建立宋朝的兵变事件。

"澶渊之盟"的内容是什么？

"澶渊之盟"指北宋与辽之间订立的和约。因签订地澶州（今河南濮阳市）又名澶渊，遂史称"澶渊之盟"。内容为：

1.辽宋为兄弟之国，辽圣宗年幼，称宋真宗为兄，后世仍以齿论。

2.以白沟河为国界，双方撤兵。辽归还宋遂城县及瀛、莫二州。此后凡有越界盗贼逃犯，彼此不得停匿。两朝沿边城池，一切如常，不得创筑城隍。

3.宋每年向辽提供"岁币"银10万两，绢20万匹，至雄州交割。

4.双方于边境设置榷场，开展互市贸易。

桃园三结义历史上真的发生过吗？

刘关张桃园结义在正史《三国志》中并没

有记载，在其后的《晋书》《资治通鉴》中也没有记载。据专家考证，桃园三结义的故事大概在宋元之际才开始流传，在元代，杂剧《刘关张桃园三结义》才成为一个比较完整的故事。

"风尘三侠"指的都是谁？

"风尘三侠"是唐代传奇小说《虬髯客传》中的三名主角：虬髯客、李靖和红拂女。

"请君入瓮"的主人公是谁？

"请君入瓮"的主人公是唐朝的两个酷吏——周兴和来俊臣。

武则天收到告发周兴谋反的密信，于是责令来俊臣严查此事。来俊臣认为周兴狡猾奸诈，仅凭一封告密信无法让他说实话，于是他准备了一桌丰盛的酒席，把周兴请到自己家里。

酒过三巡，来俊臣叹口气说："我平日办案，常遇到一些犯人死不认罪，不知老兄有何办法？"周兴得意地说："你找一个大瓮，四周用炭火烤热，再让犯人进到瓮里，这样还有什么犯人不招供呢？"

来俊臣随即命人抬来一口大瓮，在四周点上炭火，然后回头对周兴说："宫里有人密告你谋反，上边命我严查，现在请老兄自己钻进瓮里吧。"

"吃醋"的由来是什么？

相传，"吃醋"的典故出自唐太宗时期的一个故事。传说唐太宗为了更好地笼络人心，给当朝宰相房玄龄纳妾，但是房玄龄的妻子并不愿意让丈夫纳妾。太宗便让房夫人在喝毒酒和纳妾中二选一，却没有想到房夫人十分刚烈，她直接饮下毒酒，结果发现是一杯浓醋。

戏曲《醉打金枝》的故事发生在什么时候？

《醉打金枝》的故事背景是唐代宗时期。唐代宗的女儿升平公主与汾阳王郭子仪的儿子郭暧成婚。升平公主自恃金枝玉叶，并未出席汾阳王寿辰，郭暧在宴席上多喝了几杯酒，怒而回宫，打了公主。公主哭诉，求唐皇治罪郭暧。后来郭子仪绑子上殿请罪，唐代宗顾大局并未处罚郭暖。唐代宗劝婿责女，小夫妻消除前嫌，和好如初。

鉴真东渡几次才成功？

鉴真东渡6次才成功。唐朝时有个有名望的和尚叫鉴真，本姓淳于，是扬州江阳人。天宝元年（742年），鉴真接受日本普照和尚等的邀请东渡日本。但是从天宝元年至天宝十二年（753年）这12年间，因东海风急浪高，有时翻船、有时缺少粮食、有时失去方向。经历了5次渡海都没有成功。那时鉴真已经失明，只有志向始终没变。天宝十二年（753年），鉴真和尚在日本遣唐使藤原清河一行的陪同下，第6次东渡日本终于成功，踏上了日本的国土。

"三箭定天山"说的是谁？

"三箭定天山"说的是薛仁贵。唐高宗时期，铁勒进犯唐边，薛仁贵被任命为铁勒道行军副大总管领军出发。唐军与铁勒交战于天山（今蒙古国杭爱山），铁勒派几十员大将前来挑战，薛仁贵连发三箭，敌人三员将领坠马而亡，敌人被震慑，大军投降。

"文景之治"形容的是哪段时期？

"文景之治"是指西汉时期汉文帝、汉景帝统治时出现的治世景象。当时社会比较安定，百姓富裕了起来。到景帝后期，国家的粮仓都堆满了粮食，府库里的大量铜钱多年不用，以至于穿钱的绳子烂了，散钱多得无法计算。"文景之治"也为后来汉武帝征伐匈奴奠定了坚实的物质基础。

"光武中兴"是哪位皇帝治下时期？

"光武中兴"发生在东汉光武帝刘秀统治时期。刘秀采取一系列措施恢复、发展社会生产，缓和西汉末年以来的社会危机，使东汉初年出现了社会安定、经济恢复、人口增长的局面。因刘秀谥号为光武，所以称此时期为"光武中兴"。

唐太宗李世民在登上皇位前有哪些官衔称号？

李世民曾经的官衔称号包括秦王、天策上将、尚书令、陕东道大行台、太尉、司徒、中书令、雍州牧、凉州总管、上柱国等。

"一字师"修改的是哪首诗的哪个字？

唐末五代著名诗僧齐己在下了一夜大雪的早上，发现有几枝梅花已经开了，为了突出一个"早"字，便写了一首《早梅》诗，其中有两句是："前村深雪里，昨夜数枝开。"他的朋友郑谷建议把"数枝"改为"一枝"，更能突出"早"。齐己虚心地接受了，把"昨夜数枝开"改为"昨夜一枝开"。这首诗便流传开了，齐己和旁人都称赞这个"一"字改得好，称赞郑谷是"一字师"。

"烛影斧声"说的是什么故事？

北宋开宝九年（976年），宋太祖赵匡胤生病，召弟弟赵光义议事，两人屏退左右。有人从窗外看见烛影下二人交手的动作，又听到挥动斧头的声音。第二天早晨便宣布宋太祖已经去世，赵光义继位做了皇帝，这便是历史上的千古疑案"烛影斧声"。

"开元盛世"形容的是什么时候？

"开元盛世"是指唐朝开元年间，在唐玄宗治理下出现的盛世。唐玄宗登基后提倡"文教"。在政治上任用贤能，整顿吏治；在经济上加大财政收入，发展农业；在军事上提高军队战斗力，扩张疆域。

唐玄宗通过一系列积极的措施使得经济迅速发展，国家财政收入稳定，国力强盛，人口大幅度增长，使唐朝进入全盛时期，故称"开元盛世"。

"看杀卫玠"是什么意思？

卫玠是古代著名美男子，晋朝人。卫玠因为风采夺人、相貌出众而被处处围观，卫玠本身体弱，每一次都要花费很大的力气才摆脱围观，他英年早逝，于是当时的人便有了"看杀卫玠"的说法。

"半部《论语》治天下"说的是谁？

"半部《论语》治天下"的典故出自宋朝初年的宰相赵普。赵普年轻时学问不多，等到做了宰相，宋太祖常劝他多读书。于是赵普每天晚上回去都读书，等到第二天处理政务时决断很快。宋太宗即位后，赵普再度出任宰相。当时的人们都说赵普所读的书仅只《论语》而已。宋太宗就此事问他，他回答说："臣平生所知，诚不出此，昔者以其半辅太祖定天下，今欲以其半辅陛下致太平。"

"青梅竹马"出自哪里？

"青梅竹马"出自唐朝诗人李白的《长干行》，原句为："郎骑竹马来，绕床弄青梅。"形容男女儿童之间两小无猜的情状，也借指自幼亲密玩耍且陪伴长大的伙伴。

"梅妻鹤子"说的是谁？

被后世称为"梅妻鹤子"的是宋代诗人林逋。林逋隐居西湖孤山，终身不仕不娶，只喜欢植梅养鹤，自谓"以梅为妻，以鹤为子"，故称其"梅妻鹤子"。

"河东狮吼"中的"河东狮"最早指代的是谁？

"河东狮"最先形容的是宋朝陈慥（字季常）的妻子。北宋期间，苏轼有一好友名为陈季常，号龙丘居士。此人常与苏东坡"马上论用兵及古今成败，自谓一世豪士"。他十分惧内，已到了诚惶诚恐的地步。对此东坡有诗"赞"曰："龙丘居士亦可怜，谈空说有夜不眠。忽闻河东狮子吼，拄杖落

手心茫然。"

"乐府双璧"指的是哪两首作品?

汉乐府诗《孔雀东南飞》和北朝民歌《木兰诗》合称为"乐府双璧"。

"郊寒岛瘦"形容的是谁?

"郊寒岛瘦"形容的是唐朝两位著名的诗人孟郊和贾岛。"寒"指清寒枯槁,"瘦"指孤峭瘦硬。两位诗人的平生遭遇大体相当,诗风相似,诗中多凄苦之词。所以用"郊寒岛瘦"指他们的诗歌风格。

"天之骄子"最初说的是谁?

"天之骄子"最初形容的是匈奴。东汉班固《汉书·匈奴传上》中记载道:"南有大汉,北有强胡。胡者,天之骄子也。"汉朝人因匈奴极为强盛而称其为"天之骄子",即匈奴为天所宠爱。

"尾生抱柱"是什么故事?

"尾生抱柱"出自《庄子·盗跖》。相传尾生与女子约定在桥梁相会,尾生先到,等了女子很久也没见她来,河水涨起来后尾生并没有离开，最终抱桥柱而被淹死。一般用"尾生抱柱"比喻坚守信约。

"棠棣"常用来比喻什么？

《诗·小雅·常棣》是一首申述兄弟应该互相友爱的诗，其中写道："常棣之华，鄂不（fū）韡（wěi）韡。凡今之人，莫如兄弟。""常棣"也作"棠棣"，因此"棠棣"常被用来比喻兄弟情谊。

什么是"乌台诗案"？

"乌台诗案"发生于北宋元丰二年（1079年），当时御史何正臣等人上表弹劾苏轼，奏苏轼谢恩的上表中用语暗藏讥刺朝政，随后又搜集出大量苏轼诗文为证。此案先由监察御史告发，后苏轼在御史台狱受审。御史台官署内遍植柏树，柏树上常有乌鸦栖息筑巢，于是称御史台为"乌台"。所以此案称为"乌台诗案"。

"华亭鹤唳"的主人公是谁？

"华亭鹤唳"的主人公是陆机。陆机是西晋著名的才子，被成都王重用。陆机在讨伐长沙王时为主帅，结果损兵折将，失败而归。有人诬陷陆机与长沙王私下联络，于是成都王派人抓捕陆机。陆机死前感叹："欲闻华亭鹤唳，可复得乎？"陆机是吴郡吴县华亭人，感叹自己再也听不到家乡的鹤鸣了。

"文起八代之衰"形容的是谁？

"文起八代之衰"是苏轼在《潮州韩文公庙碑》中对韩愈的赞誉，赞扬他发起古文运动，重振文风的历史勋绩。"八代"指的是东汉、魏、晋、宋、齐、梁、陈、隋，这8个朝代正是骈文由形成到鼎盛的时代。

"举案齐眉"的主人公是谁？

"举案齐眉"的主人公说的是梁鸿和孟光夫妻二人。每次吃饭时，为了表示对丈夫的尊敬，孟光总是把托盘举得跟眉毛齐平，丈夫也总是彬彬有礼地用双手接过托盘。"举案齐眉"的成语典故由此而来，后形容夫妻相互尊敬。

"程门立雪"的主人公是谁？

"程门立雪"的主人公是杨时和游酢。有一

次下雪的时候，杨时与游酢去拜见程颐。程颐正在休息，杨时与游酢就侍立在门外没有离开。程颐察觉的时候，门外的雪已经一尺多深了。

什么是"中山狼"？

"中山狼"原指东郭先生在中山救的一只狼，狼藏身于东郭先生的书袋中逃过猎人追捕，猎人走后狼却打算吃掉东郭先生。后来"中山狼"用来比喻恩将仇报、没有良心的人。

"捉刀人"最开始指的是谁？

"捉刀人"最开始指曹操，后来指代笔的人。《世说新语》记载，曹操被封为魏王那一年，南匈奴派使臣前来朝见。曹操自认为相貌一般，于是请崔琰扮作自己接见使臣，曹操则扮作魏王的带刀侍从站在崔琰身侧。会见结束后，曹操派间谍问南匈奴使臣面见魏王的感受。南匈奴使臣表示魏王"有雅望"，但魏王身边的捉刀人"乃英雄也"。

"司空见惯"里的"司空"指的是什么？

"司空见惯"中的"司空"是唐代一种官职

的名称。这个成语出自唐代刘禹锡《赠李司空妓》一诗："司空见惯浑闲事，断尽苏州刺史肠。"诗中的"司空"指的是李绅。

逐客令是什么时候发布的？

秦国国君嬴政的逐客令发布于公元前237年。吕不韦犯罪被罢官，接着从韩国来的郑国又被告有罪，这引起了嬴政对客卿的不信任和怀疑。秦国的宗室大臣为争夺权势，趁机劝说秦始皇，于是嬴政颁发了逐客令。

"南柯一梦"出自哪里？

"南柯一梦"出自唐代李公佐的传奇小说《南柯太守传》，淳于棼做梦到大槐安国做了南柯郡太守，享尽富贵荣华，醒来才知道是一场梦。此后"南柯一梦"比喻一场空欢喜。

"坐山观虎斗"出自哪里？

"坐山观虎斗"出自《战国策·秦策二》。战国时期，韩国与魏国互相征伐，秦王犹豫是否制止战争。他手下的客卿便给他讲了"坐山观虎斗"的故事，即等两只老虎分出胜负后再采取行动，可以用最小的力气取得最大的成果。于是，秦王决定不制止战争。最后，魏国受了损伤，韩国也被打得破败不堪，秦国的军队便伺机而动，夺了两国好几个城池。

"雷池"指的是什么，为什么说"不越雷池一步"？

雷池坐落于长江中下游北岸望江县雷池乡境内，由雷水汇积而成。东晋成帝时，庾亮担任中书令。为了防备西部边陲的敌人，他推荐温峤到江州任职。

历阳太守谋反，发兵攻打京都。庾亮写信告诉温峤说："吾忧西陲过于历阳，足下无过雷池一步也。"意思是我担心西部边陲的敌人更甚于叛军，你务必留在原地，不要越过雷池到京都来。后来就用"不越雷池一步"表示不敢超出一定的界限和范围。

"糟糠之妻不下堂"最早出自哪里？

"糟糠之妻不下堂"出自《后汉书·宋弘传》。光武帝刘秀的姐姐守寡并看上了宋弘，刘秀想把姐姐嫁给宋弘，于是问宋弘对

"贵易交，富易妻"的看法。宋弘回答道："贫贱之交不可忘，糟糠之妻不下堂。"

"促织天子"指的是谁?

"促织天子"指的是明宣宗，"促织"指的是蟋蟀。明宣宗特别喜欢斗蟋蟀的游戏，甚至到了痴迷的程度，还命人在全国各地寻找品质优良的"促织"，一时间百姓怨声载道，称他为"促织天子"。

什么是"三言二拍"?

"三言二拍"是我国明末五种话本集和拟话本集的总称。"三言"是指明代冯梦龙的《喻世明言》《警世通言》和《醒世恒言》；"二拍"是指凌濛初的《初刻拍案惊奇》和《二刻拍案惊奇》。

晚清四大谴责小说是哪四部?

晚清四大谴责小说分别是：吴沃尧的《二十年目睹之怪现状》、李宝嘉的《官场现形记》、刘鹗的《老残游记》、曾朴的《孽海花》。

哪位诗人以金龟换美酒?

以金龟换美酒的诗人是贺知章。有一次贺知章邀请李白去饮酒,在酒店刚坐下,才想起身上没有带钱。于是他便把腰间的金饰龟袋解下来作为酒钱。后来贺知章去世,李白独自对酒,想起当年金龟换酒,便写下《对酒忆贺监二首》。诗中写道:"金龟换酒处,却忆泪沾巾。"

典籍中的"九州"具体指的是什么?

"九州"最早出现于先秦时期的典籍《尚书·禹贡》中,是传说中的中国上古地理区划。根据《尚书·禹贡》的记载,九州指的是:冀州、兖州、青州、徐州、扬州、荆州、豫州、梁州、雍州。

什么是"兵车之会"?

春秋时齐桓公争霸,屡次与诸侯会盟,其中在鲁僖公年间的四次会盟中,齐国都带有军队,称为"兵车之会"。出自《公羊传·僖公二十一年》:"请君以兵车之会往。"

"吴之八绝"说的是谁?

指三国吴时八位顶尖的人才。善画的曹不

兴、善相的郑妪、善候风气的吴范、善算的赵达、善弈的严武、善占梦的宋寿、善书的皇象、懂天文的刘惇八人，号称"吴之八绝"。

什么是"车盖亭诗案"？

"车盖亭诗案"是北宋文字狱之一。宋神宗英年早逝，儿子赵煦继位，是为宋哲宗。因其年幼，故由祖母高太后垂帘听政。

时任宰相蔡确，本是王安石变法的坚定追随者，被贬官后，他游览车盖亭，写下了十首绝句。不料他的诗被与自己有过节的吴处厚所得，旧党梁焘、朱光庭和刘安世等人立即加以发挥，肆意攻击，说蔡确在诗中用唐上元年间郝处俊谏高宗传位于武后之事影射高太后。高太后怒不可遏，将蔡确贬到新州。

第四章

礼仪交往　节日习俗

古代祭祀用的"三牲"指的是什么？

"三牲"通常指用于祭祀或重大礼仪中的三种主要祭品动物，即牛、羊、猪。三牲全备叫"太牢"，只备羊、猪叫"少牢"。

龙是什么时候开始作为中国人的图腾的？

相传，轩辕黄帝之时，龙开始成为图腾。黄帝收服炎帝、打败蚩尤后，统一了大小部落，被各部落首领推举为部落联盟领袖。他提出以"龙"的形象代表部落图腾。龙以蛇为身，以鱼鳞护龙身，以狮头为龙头，以狮尾为龙尾，以鹿角为龙角，以鹰爪为龙爪，集多种动物的特点于一身。

中国人祭拜祖先，把祖先称为"祖宗"，这个称谓是怎么来的？

《礼记·祭法》中有言："有虞氏禘黄帝而郊喾，祖颛顼而宗尧。"从《礼记》中引申出去的"祖宗"指的是有道德的先人。

宗法制是一种什么制度？

宗法制是古代维护贵族世袭统治的一种制度。是王族贵族按血缘关系分配国家权力，以便建立世袭统治的一种制度。

以周代的宗法制度为例，周王称天子，天子分封诸侯，诸侯分封卿大夫，他们的职位由嫡长子继承。这些世袭的嫡长子，称为宗子。他们掌握自己范围内的军政大权和本族财产，同时代表贵族统治和剥削人民。

孔庙为什么称为文庙？

孔子作为我国古代伟大的思想家、教育家，是儒家思想的创始人。在孔子死后的2000多年里，历代王朝开始尊崇孔子，称孔子为

"万世师表"。唐开元二十七年（739年）封孔子为文宣王，因称孔庙为"文宣王庙"。明代以后为与"武庙"相对应，称"孔庙"为"文庙"。

腊月二十三吃糖瓜的习俗是怎么来的？

传说每年的农历腊月二十三是灶王上天述职的日子，所以家家户户会在这一日祭出芝麻糖或者糖瓜，目的是让灶王爷多说说自己家的好话。另一种说法是糖瓜做得比较黏，是为了用糖"封住"灶王爷的嘴，不让他说自己家的坏话。

"十大门神"都有谁？

"十大门神"分别是：忠勇门神——秦琼、尉迟恭，他们二人是唐代著名的战将；仁义门神——方弼和方相，他们是商纣王手下的镇殿大将军；佛教门神——韦驮、伽蓝，他们是佛教寺院的左右护法；正统经典门神——神荼、郁垒，传说中能制服恶鬼的神；原始门神——神虎，后演变为白虎、青龙。

什么是"克己复礼"?	"克己复礼"是指克制自己的私欲,使言谈举止合乎礼节。
什么是"冠礼"?	"冠礼"是古代贵族男子的成人礼,在20岁时举行,即所谓的"二十弱冠"。
"结发夫妻"的叫法是怎么来的?	中国古代结婚时,新郎把新娘接回家后,举行结婚仪式,要一拜天地,二拜高堂,然后夫妻对拜,最后饮合卺酒,又称交杯酒。后来又发展成合髻的仪式,即夫妻并坐,将两人各一缕头发束在一起,"结发夫妻"一词由此而来。
常说"千里送鹅毛,礼轻情意重",为什么是"鹅毛"而不是其他动物的毛?	唐太宗时期,西域回纥国派使者缅伯高来都城长安拜见唐王。使者带着一批奇珍异宝,包括一只白天鹅。但是赶路中途因为放天鹅出笼饮水,天鹅借机逃跑了,使者只抓住了几根鹅毛。使者只能把鹅毛包好,又在绸子上题了一首诗,表达"千里送鹅毛,礼轻情意重"的歉意。唐太宗看了非常感动,并没

有因弄丢白天鹅而责罚他。现在用这句话来表示送礼虽轻，情意很重。

为什么称呼岳丈为"泰山"?

唐玄宗泰山封禅时丞相张说担任封禅使，利用职权让他的女婿郑镒随行。按旧例，随皇帝参加封禅者，三公以下的官吏都可以升一级。郑镒本是九品官，张说利用职权，把他连升四级。唐玄宗在宴会上看到郑镒突然穿上五品官的官服，觉得奇怪，便去问他。郑镒支支吾吾。这时，擅长讽刺的宫廷艺人回答说："此泰山之力也！"唐玄宗心照不宣，事情就这样混过去了。后人因此称妻父为"泰山"。

为什么生完小孩要在满月宴请宾客?

古代人认为婴儿出生后存活一个月就是渡过了一个难关。这个时候，家长为了庆祝孩子渡过难关，祝愿新生儿健康成长，通常会举行满月礼仪式。该仪式需要邀请亲朋好友参与见证，为孩子祈祷祝福。

十二生肖起源于什么时候？

湖北云梦睡虎地和甘肃天水放马滩各发掘出一批秦代竹简，竹简中清楚地记载了十二生肖，这是有关十二生肖最早的文字记载。由此可知，至少在先秦时，十二生肖已经存在。

古代父母健在的情况下为什么要给孩子拜干亲？

一是怕孩子娇贵，不好养活。二是以前生子夭折，怕自己命中无子，借"拜干亲"消灾免祸，保住孩子。三是认为孩子命相不好，借"拜干亲"来转移命相，以求上下和睦，家道昌盛。

什么是"三纲五常"？

"三纲五常"最早是由西汉董仲舒提出的。"三纲"指君为臣纲，父为子纲，夫为妻纲。"五常"指人类五种恒常的本质，即仁、义、礼、智、信。

什么是"国之四维"？

"国之四维"指的是治国的纲纪准则，分别为礼、义、廉、耻。

什么是"宾礼"？

"宾礼"是指诸侯见天子以及各诸侯国之间相互交往时的礼节，包括朝、聘、盟、会、遇、觐、问、视、誓、同、锡命等一系列的礼仪制度。宾又称宾客，古代也称他国派遣的使臣为宾客，所以"宾礼"实际是主人与客人、东道国与他国交往中的礼仪。

古时候，诸侯拜见天子有什么规定？

古代诸侯定期朝见天子的礼仪称为"朝聘"。朝见天子时，诸侯要携带玉帛、兽皮、珍珠及本地的奇异特产等礼物，贡献给天子，所以又称为"朝贡"。天子接受礼物后，也以玉帛、珠宝等物回赠诸侯。

古代的"跪"和"坐"有什么区别？

"跪"和"坐"都要求两膝相并、双脚在后、脚心朝上。"跪"指的是两膝着地，挺直身子，臀不沾脚跟，以示庄重。"坐"指的是古人席地而坐，坐时两膝着地，臀部贴于脚跟。

什么是"百日礼"？

"百日礼"是在婴儿出生100天时举行一定

的庆贺仪式，也称为"百岁"，意思是希望孩子能够健康长寿，活到百岁。

过生日为什么流行吃面条？

生日吃面条许愿长寿的习俗，有一种说法与古人的观念有关。相传，西汉时期，有一天武帝和群臣闲谈，说《相书》上讲，人的人中（上嘴唇到鼻子的部分）长一寸，就可以活100岁。但是要想长寿，让脸变长是不可能的。而古时把脸称面，脸长即面长，世人都想长寿，于是生日时借长长的面条许愿长寿。

"及笄礼"是什么意思？

及笄礼是指古代女子的成人礼，是古代嘉礼的一种。笄，即簪子。古代女子满15岁结发，用笄贯之，因称女子满15岁为及笄。

"五服"是什么？

所谓的五服，就是以丧服等级来标识亲属亲缘远近、尊卑长幼关系的制度，也称服制。丧服等级由亲到疏依次为：斩衰、齐衰、大功、小功、缌麻。

除夕为什么要守岁?

新年前的一天晚上要守岁,守岁的民俗主要表现为所有房子都点燃岁火,合家欢聚,并守着岁火不让它熄灭,以迎接新年到来。除夕夜灯火通宵不灭,所有房子都点上灯烛,还要专门在床底点灯烛,据说如此行事,就会使来年家中财富充实。

压岁钱有什么讲究?

压岁钱,又名压"祟"钱。"祟"指的是不吉利的东西,古人借这个习俗来表达来年不要有任何不吉利的事情发生。年夜饭后长辈要将事先准备好的压岁钱派发给晚辈,据说压岁钱可以压住邪祟,晚辈得到压岁钱就可以平平安安度过一年。

过年为什么要吃鱼?

在中国文化中,"鱼"的发音与"余"相近,因此吃鱼被赋予"年年有余"的寓意,象征着家庭富裕、财源广进、生活充实。此外,鱼在中国文化中也被视为吉祥的象征,吃鱼被认为能带来好运和吉祥,预示着新的一年里会有好事发生。

古人如何拜年?

古人拜年原是为长者拜贺新年,包括向长者叩头。儿孙在家要经常向长辈请安,每月的初一和十五要磕四个头,到了冬至和大年初一要磕六个头。磕头的时候,还要"唱喏",就是有礼貌地打招呼,祝贺新年如意、问候生活安好等。

春节为什么要贴对联?

春联最早的雏形是桃符,即用桃木刻画神荼、郁垒两神的神像,用来驱秽辟邪。到了后来,桃符不断规范化,演变为用于挂在大门两旁长六寸、宽三寸的长方形桃木板,后来成为春节要贴春联的习俗。

三月三的上巳节有什么传统?

上巳节,俗称三月三,该节日在魏晋以前定为三月上旬的巳日,后来固定在农历三月初三。上巳节这一天,人们会结伴去水边沐浴,称为"祓禊",此后又增加了祭祀宴饮、曲水流觞、郊外游春等内容。

中国四大传统节日是什么?

中国四大传统节日指的是春节、清明节、端

午节、中秋节。传统节日的形成过程，是一个国家或民族的历史、文化长期积淀而成为一种内蕴深厚的庆典的过程。国家法定休假的传统节日有春节、清明节、端午节和中秋节，这四个节日都有深厚的文化意蕴。

孩子出生为什么要"洗三"?

"洗三"是中国古代诞生礼中一个非常重要的仪式。婴儿出生后第三日要举行沐浴仪式，会集亲友为婴儿祝吉，这就是"洗三"。"洗三"一是洗涤污秽，消灾免难；二是祈祥求福，图个吉利。

什么是"五伦"?

"五伦"是指古代中国的五种人伦关系和处理关系的言行准则，即古人所谓的君臣、父子、兄弟、夫妇、朋友。

除夕为什么要放烟花爆竹?

传说中，一个叫作"祭年"的人发现了年兽的弱点——它害怕响声和红色的东西。于是，人们开始在除夕夜放鞭炮和挂红灯笼来驱赶年兽。

财神以什么为原型?

由于地域与文化传统上的差异，民间财神有多个原型，比较常见的有范蠡、比干、关羽和赵公明。赵公明是武财神；比干是文财神；关羽信义俱全，被后世商人尊为武财神；范蠡退隐后四海经商发财又散财，被称为文财神。

三拜九叩具体应该怎么拜?

三拜九叩具体包括"三拜"和"九叩"两个部分，其中"三拜"指的是行三次跪拜礼，而"九叩"则涉及连续的九次叩头动作。三拜九叩是一种古老的礼节，主要用于表示对祖先或帝王的极高敬意。

中秋节是怎么来的?

中秋节源自古人对天象的崇拜。据《周礼》记载，周代已有"拜月"的活动，后来祭月的成分逐渐被赏月替代，祭祀的色彩逐渐褪去，这一节庆活动却延续了下来，并被赋予新的含义。北宋时期，正式定八月十五为中秋节。

什么是"丁忧"? 根据儒家传统的孝道观念,朝廷官员在任期间,如若父母去世,无论此人担任何官何职,从得知丧事的那一天起,必须辞官回到祖籍,为父母守制27个月,这便是"丁忧"。

什么是"夺情"? "夺情"是古代丁忧制度的延伸,意思是为国家夺去了孝亲之情,即父母去世的官员在守丧期未满的情况下应国家请求重新任职,或是不必辞官守孝,以素服办公。

清明节都有哪些风俗活动? 清明节在古时也被称为三月节,距今已有2000余年的历史。清明节有着丰富的风俗活动内容,它是纪念祖先的节日,主要的活动仪式是祭祖、扫墓。除此之外,清明节还有踏青、放风筝、荡秋千、娱乐游戏等活动。在江南地区,还有蚕花会和祭祀蚕神的活动。清明节不仅凝聚了追思先人的情感,也承载了踏青赏春的欢歌笑语,是我国尤为重要的传统节日。

一年有几次祭奠日？

一年有几次与祭祀相关且较为重要的日子，分别是春节、清明节、农历七月十五以及十月初一。

八拜之交指的是谁？

八拜之交指的是八种友谊，分别是：知音之交——俞伯牙和钟子期；刎颈之交——廉颇和蔺相如；胶漆之交——陈重和雷义；鸡黍之交——范式和张劭；舍命之交——羊角哀和左伯桃；忘年之交——孔融和祢衡；管鲍之交——管仲和鲍叔牙；生死之交——刘备、张飞和关羽。

为什么称农历二月初二为"龙抬头"？

将农历二月初二称为"龙抬头"与古代天象有关。每年的农历二月初二晚上，苍龙星宿开始从东方露头，龙角星会从地平线上升起，所以这天被称为"龙抬头"。

哪些节日被称为"鬼节"？

在中国传统文化中，有一些与神灵、鬼神有关的传统节日被称为"鬼节"。三大鬼节分别是中元节、清明节和寒衣节。

重阳节有什么习俗?

在重阳节期间,人们会赏菊花、饮菊花酒、吃重阳糕、登高、插茱萸。在古代,菊花被视为长寿的象征,菊花酒被认为具有驱灾祈福的作用。重阳节制作和食用的"重阳糕"象征着步步高升。茱萸具有浓郁香味,古人认为在重阳节插茱萸可以避难消灾。重阳节登高的习俗源于东汉,旨在避邪求吉。

为什么过年的"福"字要倒着贴?

"倒"与"到"同音,"福"字蕴含着"幸福""福运"的意味。将"福"字倒过来贴,表示"幸福已到""福气已到"。春节贴"福"字,寄托了人们对幸福生活的向往,也表达了对美好未来的祝愿。

诞生礼都包括哪些?

诞生礼包括"三朝""满月""百日""周岁"等。

婚姻的"六礼"指的是什么?

"六礼"是古代的婚姻仪式,指从议婚至完婚过程中的六种礼节,即纳采、问名、纳吉、纳征、请期、亲迎。

新娘为什么要盖盖头？

盖头最早出现在南北朝时的齐代，当时盖盖头只是为了御寒，后来到了唐代，盖头的作用就演变为遮羞。直到后晋以后，盖头一直流行，并成了新娘结婚不可缺少的喜庆之物。为了表示婚姻的喜庆，盖头都选为红色。

古人定亲后为什么流行送一对大雁给女方？

因为大雁是候鸟，随气候变化南北迁徙，且配偶固定，若其中一只死去，另一只将不再择偶。古人认为大雁的南北迁徙顺乎阴阳，配偶固定合乎义礼。婚姻以雁为礼，象征一对新婚夫妇的阴阳和顺，也象征婚姻的忠贞专一。

婚礼时为什么要贴双喜字？

结婚贴双喜表示喜上加喜，双喜临门的意思。相传王安石新婚之时，探子来报，说他殿试金榜题名。王安石大喜过望，立即铺纸磨墨，连写两个大喜字，意为"洞房花烛夜，金榜题名时"，以表达喜上加喜的心情。从此，"囍"就成为婚庆的吉庆符瑞。

为什么新人要喝合卺酒？

卺是瓢的意思，把一个瓠瓜剖成两个瓢，新郎新娘各拿一个，用以饮酒，就叫合卺。合卺始于周代，瓠是苦不可食之物，用来盛酒必是苦酒。所以，夫妻共饮合卺酒，不但象征夫妻合二为一，自此永结同心，而且含有新娘新郎同甘共苦的深意。

什么是"媒婆"？

媒婆指旧时以说合婚姻为职业的妇女，存在历史悠久，有官媒和私媒之分，是古时男女婚配的重要中间人。

什么是"披麻戴孝"？

"披麻戴孝"指长辈去世时，子孙后代们身披麻布服，头上戴白色的东西，用以表示对长辈的哀悼之情。

麻布服是一种纯用布，没有任何彩饰。这种天然的、没有加工的衣服是一种素服，有简洁、真诚之意，能够突出对死者的虔诚与崇敬。"戴孝"一般指头上戴白色的东西，孝服自周朝开始多以白色为主，白色成为"孝"的象征。

古人可以离婚吗?

我国古代夫妻可以离婚,离婚的方式主要有三种:第一种是丈夫强行与妻子离婚,称为"休妻";第二种是官府强制离婚,称为"义绝";第三种是夫妻双方协议离婚,称为"和离"。

"和离"这一制度是什么时候出现的?

"和离"作为官方认可的制度,最早见于《唐律疏议》。唐代以前,离婚制度只有"七出"(中国古代休妻的七种理由)的规定,不见和离,和离是唐代婚姻法的一个创新。

古人对于去世有哪些别称?

古代社会等级制度极为森严,不同阶级的人死去必须使用不同的叫法,例如天子死曰"崩",诸侯死曰"薨",大夫死曰"卒",士死曰"不禄",庶人死曰"死"。

墓地周围为何多种柏树?

因为柏树的寿命特别长,且四季常青,有纪念故人"万古长青"的意义。

古代的拱手礼具体是怎么行礼的?

拱手礼又叫作揖、揖礼,是古时中国人的相见礼。拱手礼的正确手势是右手五指屈拢,拇指压在食指上。左手手掌弯曲,覆盖在右手之上。双手握合于胸前,形成一个拱形,略高于下巴位置。

古代皇帝为什么自称"寡人"?

"寡人"即"寡德之人",意思是"在道德方面做得不足的人",是古代皇帝对自己的谦称。

"鼻祖"的说法是怎么来的?

"鼻"的本字原为"自"字。许慎《说文解字》载:"自,读若鼻。""自"的本义是"鼻子",还可以引申为动词"始"。《说文》里有"今俗以始生子为鼻子"的说法,就是把生的第一个儿子称"鼻子"。这里的"鼻"字是第一、最初或开始的意思。所以最早的祖先就被称为"鼻祖"。

什么是"籍田礼"?

"籍田礼"是古代吉礼的一种,即孟春正月,春耕之前,天子率诸侯亲自耕田的典礼。

"五祀"指的是什么？

"五祀"是古代祭俗中所祭的五种神，各文献对此记载不一，普遍祭祀的五神指户神、灶神、中霤神、门神、行神。

为什么公主的丈夫被称为"驸马"？

最初，"驸马"只是官职名"驸马都尉"的简称。三国时，魏国的何晏与公主结婚，凭借公主夫婿的身份加授了驸马都尉一职。这以后，魏晋时代的皇帝就参照此例给自己的女婿加封这个官职。魏晋以后，公主的夫婿也大多被授予驸马都尉，于是后来人们便用"驸马"称呼公主的丈夫。

"东道主"的说法来自何处？

"东道主"这个词语来自《左传》："若舍郑以为东道主，行李之往来，共其乏困，君亦无所害。"这句话的意思是：如果您（秦穆公）放弃灭掉郑国，让郑国作为东方道路上的主人，秦国使者来来往往途中，可让郑国供应物资，对您也没有什么害处。

"五雷轰顶"指的是哪"五雷"？

"五雷"指的是木雷、风雷、水雷、火雷、

地雷。"五"是五行，代表金、木、水、火、土五种物质。金雷指刀剑、金属、铁器、车祸等。木雷指棍棒、高处摔下、树木压住等。火雷指火烧、电击、雷击等。水雷指溺水、水淹等与水相关的意外灾害。土雷指土埋、房屋倒塌、高处掉物等。

"公主"这一称谓是怎么来的？

周朝称周天子的女儿为王姬，"公主"这一名称是从春秋战国时开始叫的。周天子把女儿嫁给诸侯时，自己不主持婚礼，而叫同姓的诸侯主婚。当时各诸侯国的诸侯称"公"，因为是诸侯主婚，所以天子的女儿被称为"公主"。

生辰八字具体指什么？

生辰八字是周易术语"四柱"的另一种说法。四柱是指人出生的时间，即年、月、日、时。用天干和地支各出一字相配合分别表示年、月、日、时，如甲子、丙申、辛丑、壬寅等。每柱两字，四柱共八字。

五行学说的生克规律是什么?	五行相生为木生火,火生土,土生金,金生水,水生木。五行相克为木克土、土克水、水克火、火克金、金克木。
什么是"社稷之礼"?	"社稷之礼"指古代祭祀土神和谷神的礼仪制度,"社"为土地神,"稷"为五谷之神。
什么是"乡射"?	"乡射"指古代射箭饮酒的礼仪,是地方官为荐贤举士而举行的射礼。射礼前后,常有宴饮,乡射礼也常与乡饮酒礼同时举行。据《仪礼》记载,周代社会的每年春秋,各乡下属的州都要会聚民众习射,并且形成了一套固定的程式,称为"乡射礼"。
射礼的程序有哪些?	射礼的程序包括:备礼、迎宾、开礼、配耦、纳射器、倚旌、诱射、一番射、二番射、三番射、旅酬、送宾。

什么是"殡"?

"殡"是古代丧葬礼之一,停棺待葬称"殡"。古人将死者的棺木停于西阶客位,是将死者视为宾客,用对待宾客的礼节对待它,故称"殡"。

第五章

日常俗语
民间谚语

为什么怀孕被称为"身怀六甲"?

"六甲"指的是天干地支组合后出现的甲子、甲寅、甲辰、甲午、甲申、甲戌六种含"甲"的符号。这六种符号被古人用于计年、计日、计时，并被赋予了神秘的色彩。在古人看来，"六甲"不仅具有鲜明的时间观念，还代表着一种演化趋势。古人相信上天造物也应依循六甲变化规律，人类繁衍更应该如此。于是甲子、甲寅、甲辰、甲午、甲申、甲戌这六个甲日，便被当作是上天创造万物的日子，因此"身怀六甲"也就意味着怀孕。

"王婆卖瓜，自卖自夸"里的"王婆"是谁？

"王婆卖瓜，自卖自夸"里的"王婆"其实是个男人，他本名叫作王坡，因为说话絮絮叨叨、做事婆婆妈妈，于是人们就送了他"王婆"这个外号。

为什么是买"东西"而不是买"南北"？

五行学说认为，东、西、南、北、中与金、木、水、火、土相对应。东方属木，西方属金，南方属火，北方属水。由于木（代表植物）和金（代表金属矿物）是具体的、可交易的物品，而火和水（南方和北方）则不是，因此形成了买"东西"的说法。

另一个说法是，东汉时期，洛阳（东京）和长安（西京）是全国最繁华的城市，商业活动集中。人们到这两个城市购买商品，分别称为"买东"和"买西"。随着时间的推移，"东西"逐渐成为货物的代名词。

为什么要把不懂装懂称为"装蒜"？

以前人们在遇到问题时会选择找算命先生算一卦。真正的算命先生往往需要研究《周易》，懂得命理知识，或者有些特异功能。但有些不懂装懂的人常常做出摇头晃脑的动作，左手大拇指还要在手掌里戳戳点点，口中念念有词，装成深不可测的模样为人解惑。于是，人们就称这些装出能掐会算样子的人为"装算"，"装算"和"装蒜"同音不同字，所以人们就又称不懂装懂的人为"装蒜"了。

"跳槽"一词在古代有什么别的含义？

在明清时期，"跳槽"一词含有狎邪之意。徐珂的《清稗类钞》对"跳槽"给出了非常确定的解释："原指妓女而言谓其琵琶别抱也，譬以马之就饮食，移就别槽耳。后则以言狎客，谓其去此适彼。"意思是说"跳槽"原指妓女发现更有钱的主顾后丢弃旧爱，如同马从一个槽换到了另外一个槽里吃草。后来，这个词也可以用来指嫖客移情别恋。

因此，古代"跳槽"就是专指风月场中男女另寻新欢的行为。

为什么将上厕所称为"出恭"？

科举考试的管理者认为科举考场是神圣的地方，必须出恭入敬。故专门设置了"出恭""入敬"牌给考生，考生离开考场去厕所时须交"出恭"牌，回时交"入敬"牌。明朝时将两牌合一，称"出恭入敬"牌。因此，当时的文人雅士称去厕所为出恭。

"嫁鸡随鸡，嫁狗随狗"的由来是什么？

"嫁鸡随鸡，嫁狗随狗"是从"嫁稀随稀，嫁叟随叟"的谐音讹化而来。"稀"为少年，"叟"为老者。古人的婚姻听凭父母安排，结婚前并不知道对方的年龄和相貌。等看到对方的时候，无论对方老少、好坏，都已成定局。

不过，也有人认为这一俗语原为"嫁乞随乞，嫁叟随叟"，意为一个女人即使嫁给乞丐和年龄大的人也要随其生活一辈子。

"不三不四"中的"三"和"四"指的是什么?

古汉语认为,"不三不四"中的"三"和"四"源于《易经》。《易经》每卦有六爻,其中的三爻和四爻被认为是"中间正道"之爻,是"正"之爻,如非三爻或四爻,则被认为是"非正"之爻。据此义,后人引申为俗语,"不三不四"之业就成了"非正"之业,"不三不四"之人就成了从事非正业之人。

另有一种说法认为"三"和"四"与传统文化相关,"儒释道"是百家之"道"的最正三道,"士、农、工、商"是百业之"业"的最正四业。"不三不四"指的就是不传播儒释道、不从业士农工商的人。

"六根清净"指的是哪"六根"?

"六根"指的是眼、耳、鼻、舌、身、意,分别对应人们的视觉、听觉、嗅觉、味觉、触觉和意识功能,意指人们通过这六种感官对外界事物进行感知和认知。六根清净是指这六种感官功能在修行中不受外界诱惑和干扰,能够保持内心清净,从而达到无烦恼、无痛苦,心灵宁静安详的状态。

"五福临门"中的"五福"具体指的是什么?

"五福"具体指:寿、富、康宁、攸好德、考终命。出自《尚书·洪范》:"五福:一曰寿,二曰富,三曰康宁,四曰攸好德,五曰考终命。"其中,"寿"指高寿;"富"指家庭富足;"康宁"指身体健康;"攸好德"指修习美好的品德;"考终命"指寿终正寝。

"三长两短"原是形容什么的?

广为流传的一种说法是,"三长两短"与棺木相关。棺木由六片木材拼凑而成,棺盖及棺底各一片,左右两片,这四片是长木材;前后两片是四方形的短料。总共是四长两短。但棺盖是人死后才盖上的,所以将"三长两短"称作死的别称,后来加入了意外、灾祸等意思。

古代"买春"指的是什么意思?

一般来说,"买春"作为买酒的含义,这一词出现于唐朝。唐代的酒多以"春"为名,如竹叶春、梨花春之类,因以"春"为酒的代称。晚唐诗论家司空图所著《二十四诗品》"典雅"一条列出了以下堪称"典雅"

的诗境："玉壶买春，赏雨茅屋。坐中佳士，左右修竹。白云初晴，幽鸟相逐。眠琴绿阴，上有飞瀑。落花无言，人淡如菊。书之岁华，其曰可读。"其中"买春"就有"买酒"的意思。

"女红"与颜色有关系吗？

"女红"指的是妇女从事的纺织、刺绣、缝纫等工作，"红"字与红色并无关系，它是通假字，汉代开始使用，通"工"和"功"，读作"女红（gōng）"。"女红"最早称作"女工"或是"女功"。

"白布难穿"是什么意思？

"白布难穿"意思是用白色的布做的衣服很难长时间穿，因为有一个污点就会很明显。常与"好人难做"连用，完整说法是"好人难做，白布难穿"。其意思是白色的布容易弄脏，就像好人在社会上容易受到误解、攻击和伤害，做好事往往会面临各种困难和挑战。

为什么管粗心大意叫作"马虎"？

相传，宋朝有位善于画走兽的画师，他做事十分草率。一天，他挥毫画虎，画出了一个栩栩如生的虎头，有个朋友要他画马，他为图省事，在虎头后画出了马的身子。大家围观问道："此画到底是马还是虎？"画师随意说是"马马虎虎"。

他对大儿子说是虎，对二儿子说是马。他的儿子们长大后，大儿子去打猎，一匹马正在低头吃草，他认为是虎，一箭将马射死，画师只好赔偿马主人的损失；二儿子在野外荒山不幸遇虎，由于他认为老虎是马，竟去骑老虎，结果惨被咬死。画师悲伤不已，撕碎了《马虎图》。

为什么"倒霉"原作"倒楣"？

"倒楣"本是浙江一带的方言，指事情不顺利或运气不好。相传，"倒楣"出现于明朝。科举考试时，为求吉利，读书人在临考前一般都要在自家门前竖起一根旗杆，当地人称之为"楣"。

考中了，旗杆就保留下来，考不中就把旗杆

撤去，叫作"倒楣"。由于"霉"与"楣"同音，而且，"霉"亦有坏运气的意思，久而久之，便发展成了"倒霉"。

成语"纨绔子弟"中的"纨绔"指的是什么？

"纨绔子弟"中的"纨"指细丝织品，"绔"指一种套在腿上的裤管，是古代一种裤子。在古代，能穿得起细丝裤子的人一般都是有钱人家。所以纨绔子弟最初就是指有钱人家的孩子，并不含贬义。到了后来，"纨绔子弟"逐渐有了贬义的色彩，常用来指有钱人家成天吃喝玩乐、不务正业的子弟。

"两面三刀"其实与瓦工有关？

"两面三刀"通常比喻当面一套背后一套的做法，但其实这个词原指瓦工砌墙的基本动作。"两面"是指砖的两个粘结面，"三刀"是指砌一块砖时，瓦刀从灰泥桶中挖上一点泥浆后，分三次涂在砖的粘结面上。技术较差的师傅，不是两个粘结面选得不好，就是瓦刀上挖的灰泥量有多有少。

"素面朝天"，其实不是面朝天空？

"素面朝天"的"天"并非指天空，而是指天子。《杨太真外传》中记载道："虢国不施妆粉，自炫美艳，常素面朝天。"杨玉环的三姐被封为虢国夫人，她自恃天生貌美，经常不施脂粉就进宫朝见天子，于是便有了"素面朝天"。

"书香门第"中的香指的是什么香气？

"书香门第"中的"香"指的是芸草香。据说，古人为了防止书籍被蠹虫损坏，一般会在书里夹上几片香草。这种香草叫作芸草，有着特殊的清香气，可以驱除蠹虫，古诗中就有"芸叶熏香走蠹鱼"的描写。

"黄粱一梦"究竟睡了多久？

"黄粱一梦"出自唐代传奇小说《枕中记》，讲述的是卢生在旅店遇到了一位道士吕翁，自叹穷困。吕翁给了卢生一个青瓷枕，让他枕着睡觉。卢生在梦中享尽了荣华富贵，醒来时，发现店主煮的黄粱饭还未熟。黄粱指的其实是黄米，黄米蒸熟之后可以做黄糕，黄糕蒸熟大约需要20分钟，再加上各种工序，至少也要半个小时。所以，《枕中记》

里的卢生大概小憩了半小时左右。

为什么是"东山再起",而不是"西山""南山"或"北山"呢?

据说"东山再起"的典故与谢安有关。东晋时,谢安隐居在会稽东山,他不愿走入仕途,仅上任一个多月就辞去了官职。后来为了挽救家族、保持地位,他再次出仕。出仕之后,他竭力辅佐朝政,运筹帷幄,历史上著名的以少胜多的"淝水之战"便是在谢安的指挥下取得了胜利。后来人们便把他重新出来做官这件事称为"东山再起"。

在古代,"一窍不通"其实是个褒义词?

有一种说法是:古人认为人心有七窍,七窍皆通,则为圣人。在这种意思下,"一窍不通"的意思是说已通六窍,只有一窍不通,其实是褒义词。不过后来流传久了,就变成一窍也不通,成了贬义词。

为什么要说"上厕所""下厨房",这里的"上"和"下"有什么特殊的含义吗?

在中国古代的五行学说里,南方属火,东方属木,北方属水,西方属金,中央属土。在古代,四合院是我国传统的住宅建筑,古人在建造四合院时，将五个方位与五行相对应。根据五行相生原理，厕所是污水之所，水生木，所以把厕所建在东北角，也有以肥水滋养木性，祈求发家之意；又因为木生火，生火的厨房就被放在四合院的东南角。在中国人的习惯里，去北方说上，即北上；去南方说下，即南下，于是便有了"上厕所"和"下厨房"的说法。

"蛛丝马迹"中的"马"指的是什么？

"蛛丝马迹"通常用来比喻事情留下的隐约可寻的痕迹和线索，这里的"马"指的其实是"灶马"。灶马是一种昆虫，又称突灶螽，常常生活在湿暗的地方。灶马白天藏在灶间角落缝隙等隐蔽之处，夜间出来在灶上寻找食物，在暖和处避寒。

"雕虫小技"里的"虫"指的是昆虫吗？

"雕虫小技"与昆虫并无关系，它其实是古代雕刻虫书的一种技法。"雕虫"指的是雕刻虫书，是一种刻字的手法。虫书是我国古代篆字中的一种，这种书体看起来像鸟虫的形状。后来用来比喻微不足道的技能或是谦称自己写的文章。

"不孝有三，无后为大"的原意是什么？

"不孝有三，无后为大"出自《孟子·离娄上》："不孝有三，无后为大。舜不告而娶，为无后也，君子以为犹告也。""无后"的本意是没有对长辈尽到后辈的责任。后人的误传使得封建社会中识字不多的老百姓把"不孝有三，无后为大"曲解为"没有传宗接代是最大的不孝"。

"三更半夜"其实指的是两个人吗？

"三更半夜"一词出自《宋史·赵昌言传》，其中记载道："四人者（陈象舆、胡旦、董俨、梁颢）日夕会昌言之第。京师为之语曰：'陈三更，董半夜。'"宋太宗时期，陈象舆、董俨等人志趣相投，常常相聚在赵昌言的家里交谈到深夜。当时人们就戏称陈象舆为"陈三更"、董俨为"董半夜"。

"无奸不商"其实是"无尖不商"？

"无奸不商"的意思是，如果不奸诈就不能

成为商人，也可以理解为商人都是奸诈的。其实这个成语本是"无尖不商"，指的是古代的米商在做生意时，除了要将斗装满之外，还要再多舀上一些，让斗里的米冒尖，以博得回头客。这种做法体现了商家尽量让利，以获得客人的赞许和肯定。

然而，随着时间的推移，"无尖不商"逐渐演变成了"无奸不商"，意思也发生了变化。

"三从四德"指的是哪"三从"、哪"四德"？

"三从四德"是中国封建社会提倡的妇女应遵循的道德规范。"三从"指在封建伦理道德中妇女在不同阶段的从属关系，其出自《仪礼·丧服·子夏传》："妇人有三从之义，无专用之道。故未嫁从父，既嫁从夫，夫死从子。""四德"指的是妇德、妇言、妇容、妇功。其出自《周礼·天官·九嫔》："九嫔掌妇学之法，以教九御：妇德、妇言、妇容、妇功，各帅其属，而以时御叙于王所。"

"不到黄河心不死"中为什么是黄河不是长江？

"不到黄河心不死"用来比喻不达目的不罢休的倔强精神。之所以说不到黄河而不是不到长江，是因为一个民间故事。

有一次，彭祖想让陈抟带他去黄河游玩。陈抟想先睡会儿。但陈抟是个神仙，他睡一会儿就需要1000年。当陈抟醒来，彭祖已经死了。陈抟打开彭祖的棺材，发现骨肉都烂掉了，只剩下一个心未烂。于是陈抟把彭祖的心带到了黄河。到了黄河边，陈抟就对彭祖的心讲："彭祖，这里就是黄河了。"陈抟的话刚讲完，彭祖的心就烂掉，变成水流走了。

于是后来就有了"不到黄河心不死，到了黄河死了心"这句话。

"按下葫芦浮起瓢"是什么意思？

"按下葫芦浮起瓢"意思是刚把水缸里漂着的葫芦按下去，瓢又浮起来了，比喻刚解决了一个问题，又出现了另一个问题。

为什么说"不分青红皂白"？

"皂"指黑色，"不分青红皂白"意思就是

不问情由，不论是非曲直。

**为什么说"兵
败如山倒"？**

"兵败如山倒"形容军队溃败就像山倒塌一
样。古代行军打仗没有发达的指挥系统。兵
败后，因为无法即时传达命令，后面的士兵
看见前面的士兵溃败逃跑，也会一起逃跑，
将领难以阻止。

**"出头的椽子
先烂"是什么
意思？**

"出头的椽子先烂"字面意思是露在房檐外
面的椽子，因为经常受风吹雨打，会比其他
椽子先损坏。比喻爱出风头的人容易招惹到
麻烦。

**"穿新鞋走
老路"是什
么意思？**

"穿新鞋走老路"比喻形式变了，内容和实
质没变，还是老一套。

**为什么说
"打开天窗
说亮话"？**

"打开天窗说亮话"出自清代李宝嘉的《官
场现形记》，比喻把一件事毫无隐瞒地公开
说出来。天窗是设在屋顶上用以通风和透光

的窗子，常见于旧式建筑。

**为什么说
"不看僧面
看佛面"？**

"不看僧面看佛面"出自《西游记》，引用的是佛教典籍中的故事。传说韦驮菩萨是佛的护法神，看见僧人行恶就要惩罚。犯错后改过的僧人也会被惩处，这与佛教教义相违背。于是佛祖就让韦驮面向自己，即面向大雄宝殿，要他在施法时看一下如来。所以用"不看僧面看佛面"比喻即使不顾某个人的情面，也要看在他的长辈、亲友等的情面上，给予关照。

**"不见兔子不
撒鹰"是什么
意思？**

"不见兔子不撒鹰"是形容猎人捕猎时的场景。猎人捕猎时，兔子跑得太快不容易捕捉，于是猎人利用鹰去捕捉兔子。在没有看到兔子之前猎人决不把鹰放出去。意思是没有出现明确的目标，就不会采取切实的行动，形容做事稳当，有时候也有贬义。

**"成人不自在，
自在不成人"
出自哪里？**

"成人不自在，自在不成人"出自南宋文学

家罗大经的《鹤林玉露》乙编·卷三"朱文公帖",意思是人要有成就,必须刻苦努力,不可安逸自在。

"陈谷子烂芝麻"是什么意思?

"陈"就是陈旧的意思,芝麻和谷子都是小的东西。"陈谷子烂芝麻"多指过时的或无关紧要的事或话。

"长添灯草满添油"是什么意思?

灯草是灯芯草茎的中心部分,用作油灯的灯芯。想要油灯一直亮着,应该提前备好足够的灯草和灯油,及时添加更换,这就如同在事情未发生前就做好应有的准备工作。

为什么说"苍蝇不叮无缝的蛋"?

鸡蛋有了裂缝,过久了会产生异味,这个异味会招来苍蝇。苍蝇不会去叮没有裂缝的鸡蛋,闻到有味道的东西才会飞过去。现在比喻没有平白无故出现的事情,任何事情出现都是有原因的。

"秤有头高头低"是什么意思?

用秤称东西的时候有出入,秤头高一点儿,

量出东西分量就足一些；秤头低一些，量出的东西分量就少一点儿。"秤有头高头低"用来表示就像秤头时高时低一样，办事情只能基本上公平，而不可能绝对公平。

"拔根汗毛比腰粗"是什么意思？

"拔根汗毛比腰粗"比喻豪门巨富拿出一点财产，就比平常老百姓的家产还要多得多。

什么是"爱屋及乌"？

"爱屋及乌"出自《尚书大传·大战》："爱人者，兼其屋上之乌。"比喻爱一个人连带关心跟他有关系的人或物。

什么是"斗米养恩，石米养仇"？

"斗米养恩，石米养仇"字面意思是送人一斗米是恩人，送人一石（dàn，1石=10斗）米是仇人。是指如果在别人危难的时候给他很小的帮助，他会感激你。可如果给人的帮助太多，让其形成了依赖，一旦停止帮助，反而会让人忌恨。

为什么说"春不减衣，秋不加帽"？

春不减衣是因为由冬季转入初春，气温变

化较大，如果过早减掉冬衣，一旦气温下降就难以适应，容易引发各种呼吸系统疾病及冬春季传染病。

秋不过早戴帽是因为夏末秋初之时，如果稍微觉得有点凉就换上厚衣服保暖，会使机体过早进入冬季保暖状态，不利于锻炼人体的抗寒能力。

"行下春风望夏雨"是什么意思？

"行下春风望夏雨"出自元朝白朴的《墙头马上》。比喻要先给别人好处，然后别人才会给自己好处。

"量小非君子，无毒不丈夫"的原意是什么？

原句是"无度不丈夫，量小非君子"。意思是心胸狭窄、缺乏度量的人，就不配做丈夫和君子。这里的"丈夫"，是指有远见卓识、胸怀宽广的人。

为什么说"雷公先唱歌，有雨也不多"？

古代民间常根据雷声预测天气，"雷公先唱歌，有雨也不多"指的是如果未下雨前就雷声滚滚，意味着这次下雨是局部地区受热不

均匀等热力原因引起的，雨不会下得太久。

"开门雨，下一指；闭门雨，下一丈"是什么意思？

"开门雨，下一指；闭门雨，下一丈"是说清晨开始下雨，时间短，雨量小；晚饭前后下雨，时间长，雨量大。

"早穿皮袄午穿纱，围着火炉吃西瓜"是什么原因？

这句话是用来形容吐鲁番一天内温度变化大的现象。这种现象主要是地形和气候原因造成的。

吐鲁番地区远离海洋，深居内陆，四周有高山阻隔，海洋气流不易到达，降水量少，日照时间充足。吐鲁番多砂石，砂石在白天日照的时候温度升高快，太阳下山后，被晒得炽热的砂石也会迅速降温。以上综合起来，形成了吐鲁番地区"早穿皮袄午穿纱，围着火炉吃西瓜"的景象。

为什么说"青出于蓝而胜于蓝"？

人们在染布的时候，意外地在蓼蓝中提取出了一种与蓼蓝相似但不一样的靛青，靛青颜色比蓼蓝更深，所以有了"青出于蓝而胜于蓝"这句谚语。这句话可以比喻弟子超过老师，也比喻后人超过前人。

什么是"四面楚歌"？

"四面楚歌"最早出自汉代司马迁的《史记·项羽本纪》，本义是指四周都是楚人的歌声。比喻四面受敌，孤立无援，陷入绝境。

什么是"一人得道，鸡犬升天"？

"一人得道，鸡犬升天"意思是一个人得道成仙，连家里的鸡狗也随着升入仙界。比喻一人得势，与之有关的众人也随之沾光，常含贬义。

"明日黄花"中的"黄花"是指什么花？

在古诗文里"黄花"专指菊花，苏轼在《南乡子·重九涵辉楼呈徐君猷》中写道"万事到头都是梦，休休，明日黄花蝶也愁"，"明日"指重阳节第二日。意思是如果错过了重阳赏菊的最佳时机，待节后再来，花就已经凋谢了，以此比喻过时的事物。

为什么说"紫气东来"？

传说春秋时期，道家始祖老子过函谷关之前，关令尹喜见有紫气从东而来，知道将有圣人过关。果然老子骑着青牛而来。旧时用"紫气东来"比喻吉祥的征兆。

为什么用"子虚乌有"来表示不存在的事情?

"子虚乌有"出自汉代司马相如的《子虚赋》。子虚和乌有是《子虚赋》里虚构的人物,文章里说,楚国的子虚在齐国乌有面前夸说楚国。乌有很不服气,也夸耀了齐国,说齐国各方面都胜过楚国。两个人谁也说服不了谁。

"子虚"意思是虚假不实,"乌有"意思是不存在。这两个人名都是借托的。后来,人们就把虚假的、不真实的或是不存在的事情,叫作"子虚乌有"。

"甘蔗没有两头甜"是什么意思?

甘蔗只有接近根部的地方最甜,没有两头都甜的甘蔗。比喻好处只能占一样,不能两头利益都占,或者指不能两全其美。

为什么说"费了九牛二虎之力"?

"九牛二虎之力"意为九头牛与两只虎的力气的相加,出自元代郑光祖的《三战吕布》，比喻其力大不可挡。"费了九牛二虎之力"即费了很大的力气。

什么是"二一添作五"？

"二一添作五"是珠算除法的一句口诀，是二分之一等于零点五的意思，借指双方平分或平均承担责任和任务。

"房顶开门，灶坑打井"是什么意思？

"房顶开门，灶坑打井"意思是在房顶上开门出入，在锅灶下打井。比喻闭关自守，不与他人来往。

"东一榔头，西一棒子"是什么意思？

"东一榔头，西一棒子"比喻这事干一点儿，那事也干一点儿，做事缺少计划和目标。

"响鼓不用重槌"是什么意思？

"响鼓不用重槌"意思是响亮的鼓用不着重槌敲打。比喻聪明人悟性高，一点就明，不用多说。

"羊群里丢了羊群里找"是什么意思？

"羊群里丢了羊群里找"比喻在哪儿损失的就在哪儿补救。

"一只鸭子下水，十只鸭子下河"是什么意思?

"一只鸭子下水，十只鸭子下河"意思是有一只鸭子下水，会有十只鸭子跟着下水。比喻有带头的，就会有受影响跟着的。

"水泼不进，针插不进"是什么意思?

"水泼不进，针插不进"比喻一个集团非常排外，不容易打进去，也比喻一个人坚持己见，不听别人的任何意见。

"十年九不遇"是什么意思?

"十年九不遇"意思是十年里有九年都不会遇到，比喻机会难逢。

为什么说"远来的和尚好念经"?

远来的和尚和当地的和尚相比，了解的知识范围不同，听众会有新鲜感，讲经说法的效果会更好。比喻外来的人比本地人更受重视。

"山高遮不住太阳"是什么意思?

山虽然很高，但是山不能遮住太阳。旧时比喻晚辈居下，无论如何也不能超越长辈。现在常比喻假的或丑恶的事物，遮挡不住真实与善良。

**"山不转水转"
是什么意思？**

"山不转水转"本义是山不会动但水会动，寓意世事不是一成不变的，事物都是会发展变化的。

**为什么说"上山
容易下山难"？**

"上山容易下山难"是因为上山时虽然费力气，但危险性小。而下山时人体的重心会向前倾斜，腿部需要承受更大的冲击力和压力，而膝盖和脚踝等关节也会承受更大的压力。此外，下山时人体会受到惯性的影响，容易出现摔倒等意外情况。

**"深山出俊鸟"
是什么意思？**

"深山出俊鸟"意思是漂亮的鸟儿总是在深山里飞翔。比喻偏僻的地方也能诞生人才。

**为什么说"是
骡子是马，拉
出来遛遛"？**

骡子能负重，但比不上马善跑，所以是骡子还是马，拉到大道上跑一跑便能分辨出来。比喻人的才能是高是低，放到实践中检验一番便见分晓。

**"汗珠摔八瓣"
中为什么是
"八瓣"？**

"汗珠摔八瓣"常用来形容非常辛苦、劳累。

古人认为方向分四方，即东、南、西、北，而方位分八方，即东、东南、南、西南、西、西北、北、东北。八个方位已代表了全部方位，所以摔八瓣已经足够多了。

"新官上任三把火"最开始说的是哪三把火？

"新官上任三把火"来自《三国演义》。书中描述诸葛亮当了刘备的军师后，刘备和孙权的盟军连续三次火攻曹操。第一次火烧博望坡，第二次火烧新野，第三次火烧赤壁。当时，人们把这三把火称为"诸葛亮上任三把火"。传到后来便成为人们常说的"新官上任三把火"了。

"有眼不识泰山"是怎么来的？

这是关于木匠的祖师爷鲁班的一个故事。鲁班技术高超，因为名气大，所以有些人就来拜他为师。鲁班会定期考察淘汰一些人，其中有一个人叫泰山，他喜欢研究竹子，所以对木工不太感兴趣，手工活做得不好，被鲁班逐出师门了。几年后，鲁班去集市看到有个年轻人在卖竹器，地上摆的竹篮、竹筐、

竹箱子美观实惠，人们都在抢着买。鲁班一打听才知道，原来这个年轻人就是当年被他逐出师门的泰山。他感慨道："我真是有眼不识泰山啊！"

"上梁不正下梁歪"什么意思？

"上梁不正下梁歪"常用来形容上面的人行为不正，下面的人也跟着做坏事。出自晋代杨泉《物理论》："上不正，下参差。"

为什么用"鸡毛蒜皮"形容小事？

相传以前有两家邻居，东家以卖鸡为生，西家以卖蒜为生。卖鸡要早起拔鸡毛，卖蒜的要早起剥蒜皮。本来两家相安无事，但一刮风就出事了：刮东风时，鸡毛会被吹到西家院子里，而刮西风时，蒜皮会被吹进东家院子里。两家经常为这些事争吵。有一次，两家的矛盾升级，卖蒜的与卖鸡的打起架来，最后对簿公堂。县官一看是为了"鸡毛"和"蒜皮"，便说："这等鸡毛蒜皮的小事也来对簿公堂！每人各打十大板，回去反省吧！"后来"鸡毛蒜皮"便传开了，并渐渐被用来表示那些琐碎、不起眼的事或价值很小的东西。

"哪壶不开提哪壶"是怎么来的?

"哪壶不开提哪壶"是由一个民间故事引申来的,意思是提不开的壶,让人喝不开的水。引申为说不该说的话,做不该做的事。相传早年,有父子俩开了间小茶馆,知县白老爷是个贪财好利的小官,天天来白喝,掌柜惹不起他,只好忍气吞声。后来小掌柜想了个办法,给知县沏茶的时候哪壶不开提哪壶,这样茶汤淡而无味,渐渐地白老爷就不来了,小茶馆又恢复了往日的兴旺。

"宰相肚里能撑船"说的是哪位宰相?

"宰相肚里能撑船"说的是宋朝的王安石。根据传说:王安石变法失败后,被贬到江宁(今江苏南京)。在闲暇之时,他的仆人问王安石说:"相公白龙鱼服,隐姓潜名。倘或途中小辈不识高低,有毁谤相公者,何以处之?"王安石回答说:"常言道'宰相腹中撑得船过',从来人言不足恤。"

为什么用"炒鱿鱼"表示辞退员工？

以前，到广东或香港做工的外地人，雇主多是包食宿的。那时候的店铺，多是前铺后居，即屋前端是营业的铺面，店主与伙计同住在店后的房间或阁楼。当员工被老板开除时，他便需要卷起铺盖离开。

广东菜有一道炒鱿鱼片，当鱿鱼片熟透时，便会自动卷成一圈，正好像被开除的员工将自己的铺盖卷起来的模样，故此，被解雇又可叫作"炒鱿鱼"。

"抬杠"为什么有吵架的意思？

北方地区，每年农历正月十五元宵节这一天，会有身强力壮的人抬着竹杠，上面有轿子，一个伶牙俐齿的小丑坐在里面。他们抬着竹杠和轿子在人群里穿梭，围观的人则和那个小丑随机比赛斗嘴，嬉笑取乐。久而久之，人们就把类似斗嘴的对话称为"抬杠"。

"死马当活马医"是什么意思？

"死马当活马医"比喻明知事情已经无可救药，仍然抱一线希望，积极挽救。也泛指做最后的尝试。出自宋代的《宏智禅师广录》卷一："若恁么会去，许尔有安乐分，其或未然不免作死马医去也。"

为什么"花架子"有中看不中用的意思？

用"花架子"形容中看不中用的东西，来源于一个传说：元朝时，黄道婆的纺织技术非常高超，带动了一大批人从事纺织工作。镇上有个姓李的穷秀才，他跑到乡下当私塾先生。大家听说私塾里新来的李秀才是黄道婆家乡的人，就纷纷找他请教纺织新技术。李秀才不愿意承认自己不懂，就撒谎说自己没亲自纺织过，但可以把黄道婆的织机图纸画给乡亲们。乡亲们都很高兴，照着图纸做了一架织布机。织布机看起来很漂亮，但是却不好用，根本没办法工作。后来，黄道婆发明的织机传到这里，人们才知道李秀才画的织布机只是样子好看而已，根本不具备实用性，所以人们把它叫作"花架子"。

"此地无银三百两"是怎么来的？

这句话来源于一个民间故事。有人把积攒

的银子埋在土里，上面写了个字条："此地无银三百两。"邻居王二偷走了银子，也留字写道："隔壁王二不曾偷。"这个故事比喻想要隐瞒、掩盖某事，搞了一些小动作，结果反而更加暴露。

"不见棺材不落泪"的说法是怎么来的？

"不见棺材不落泪"出自明代兰陵笑笑生的《金瓶梅词话》，比喻不到彻底失败的时候不知道后悔。

"闭门羹"的说法是怎么来的？

"闭门羹"常用来比喻被委婉地拒绝。

唐代冯贽的《云仙杂记·迷香洞》中记载：宣城有一位叫史凤的妓女，容貌美丽，很多年轻的男子慕名来拜访她。史凤会客时，有一条不成文的规矩，她把客人分成不同等级，上等的客人用迷香洞等招待；次等的客人用传香枕等招待；下等的客人，她拒不相见，就叫人在门口以一碗羹相待，婉言拒绝会客。天长日久，来访的客人见了羹，也就心领神会，主动地告辞了。

为什么用"猴年马月"来形容遥不可及的时候?

农历用十二地支配12种动物进行生肖纪年,十二生肖也能拿来纪月、纪日。每12年就有一个猴年,凡是猴年,必有一个月是马月。因在古代,人们寿命相对较短,12年也让人感觉非常漫长,遥不可及。有一种说法是猴年马月来源于天津方言"何年嘛月",传着传着就变成了猴年马月。

"麻秆打狼——两头怕"是什么意思?

"麻秆打狼——两头怕"的意思是说麻秆作为武器威力并不大,拿它打狼的人害怕对狼不起什么作用,而狼看到人拿秆子打它也会害怕。指争斗的双方都害怕对方。

"打铁还需自身硬"是什么意思?

"打铁还需自身硬"的意思是锻打铁器时要用到的榔头必须自身坚硬,才能打出坚硬的铁。引申为做任何事都需要自身有实力。

"夏虫不可语冰"是什么意思?

"夏虫不可语冰"意思是只生活在夏天的虫子,不可能跟它们谈论冬天的冰。比喻人的见识有局限性。也比喻人的见识短浅。

第六章

典章规范　法度职官

古代的博士和现在的博士有什么不同？

博士在古代是一种官职，最初是指掌管书籍文典、通晓史事的官员，后来成为专通一经或精通一艺、从事教授生徒的官职。秦汉时期，博士是专门传授儒家经学的学官，如汉武帝时设立五经博士；在唐朝和宋朝，博士的含义进一步扩展，不仅限于学识渊博之人担任的官职，还包括精通一门技艺的人担任的官职，如律学博士、算学博士等。

"位列三公"的"三公"是什么？

"三公"是中国古代地位最尊贵的三个官职的合称。《周礼》以太师、太傅、太保为"三公"；《尚书大传》《礼记》等书将"三公"指司马、司徒、司空三个官职。

什么时候开始有丞相这个官职的？

丞相在古代官制中最早出现于战国时期秦国。公元前309年，即秦武王二年，秦武王任命甘茂为左丞相，樗里子为右丞相。

宰相的职责是什么？

宰相是"宰"和"相"的合称，"宰"为主持之意，"相"为辅佐（君主）之意。宰相是泛称，是一种制度，也是百官之长的统称，涵盖丞相在内的诸多官职，丞相就是宰相的一种。宰相的主要职责是辅佐皇帝、统领百官、综理全国政务。

在位时间最长和最短的皇帝分别是谁？

在位时间最长的皇帝是清圣祖康熙帝。康熙帝8岁登基，14岁亲政，在位61年。
在位时间最短的皇帝是金朝末代皇帝完颜承麟。1234年，金哀宗完颜守绪不愿做亡国

君，将帝位传于完颜承麟，但即位大典未完成时宋蒙联军已攻入城内，完颜承麟草草完成大典便立刻带兵出战，最后死于乱军之中。据史学家推测，完颜承麟在位时间不足一个时辰，为中国历史上在位时间最短的皇帝。

当太子时间最长的人是谁？

当太子时间最长的人是清朝的胤礽。胤礽是康熙帝册封的太子，经历了两次被废和一次重新立为太子，1712年第二次被废后，幽禁于咸安宫，胤礽作为太子的时间长达37年。

怎么理解"禅让"？

"禅让"指统治者生前把首领之位让给别人，"禅"意为在祖宗面前大力推荐，"让"指的是让出帝位。

尧、舜都使用"禅让制"传位，禹去世后为什么是他的儿子继位？

据传说，尧在祖庙中把帝位禅让给了舜，尧去世后，舜为尧服丧三年。三年过后，舜把帝位让给尧的儿子丹朱，但是天下人只承认舜，诸侯也只向舜朝觐，所以舜去首都登上了帝位。

舜让禹去治水，禹通过治水、开山、修路、定九州得到了舜的认可，并因此得到了帝位。不过禹也是在为舜服丧三年后，把帝位还给了舜的儿子商均，不过同样，禹更得天下人心，于是正式登临帝位。

禹同样把帝位先传给了皋陶，但是皋陶在禹之前就去世了，后来禹又指定了益作为继承人，益在禹死后也为禹服丧三年后，把帝位还给了禹的儿子启。

不过这次天下诸侯没去朝觐益，而是启更得人心，于是启得到帝位，开始了"家天下"的新时代。

古代官员一般都多少岁退休?

历朝历代古人的退休年龄不尽相同，但大多数朝代以70岁作为退休年龄。《礼记·曲礼上》中记载道："大夫七十而致事。"

汉、唐时期，官员70岁退休，工资待遇根据官品大小而递减。宋朝官员70岁退休后中高级官员工资待遇不变，而且子孙还能荫补官职。明朝首次将官员退休年龄提前到60岁。清朝对退休年龄进行了调整，部分官员的退休年龄甚至提前至50岁。

古代官员一般在什么日子休假？

古代官员的休假制度在不同朝代有所差异。以下是几个主要朝代的官员休假制度：

汉朝：官员每工作5天休息一天。

隋唐时期：官员休假改为每工作10天休息一天，即"旬休"。此外，还有冬至、新年等节假日。唐朝还有清明节、中秋节、重阳节等假期，以及皇帝的生日假期（皇帝生日假期称"千秋节"等）。

宋朝：官员每工作10天休息一天。增加了节假日的放假时间，如春节、寒食节和冬至各放假七天。

元朝：一年大约休十几天。

明朝：开国皇帝朱元璋勤政，官员每月休息时间很少。节假日中春节休5天，冬至休3天，元宵节休7—10天。永乐帝之后官员假期增多，官员每月可休6天左右。

清朝：前期沿袭明朝的休假制度，但到了晚清，随着西方文明的影响，每星期休假一天的习惯逐渐被国人接受。

古代官府为什么叫衙门？

旧时称官署为衙门，衙门是由"牙门"转化而来的。"牙门"是古代军事用语，是军旅营门的别称。古时战事频繁，王者打天下、守江山，完全凭借武力，因此特别器重军事将领。军事长官们以此为荣，多在军营门口竖立旗杆上装饰有象牙的牙旗，于是，营门也被形象地称作"牙门"。

什么样的人才能乘坐八抬大轿？

唐宋两朝官员出行坐轿有严格限制；明初规定除特殊原因外不许官员乘轿，明后期乘轿也要事先报批。清朝规定，凡是三品以上的京官，在京城可以乘四人轿，出京城可以乘八人轿；外省总督、巡抚等高级官员可以乘坐八抬大轿。

为什么要"秋后问斩"?

"秋后问斩"最早来自《礼记·月令》:"凉风至,白露降,寒蝉鸣,鹰乃祭鸟,用始行戮。"古人认为处决犯人是代天行罚,"天罚"一定要顺应四时,否则就会招致祸患。秋冬是万物肃杀蛰藏的季节,宜行刑罚之政。还有一种说法是在秋后处决犯人是因为古代秋后已经完成耕收,比较空闲,因此有大量的时间来处理案件。

"三司会审"是哪三司?

唐时重大案件皇帝会下诏让刑部、御史台、大理寺共同审案;明清时以刑部、都察院、大理寺为三法司,遇有重大案件,由三法司会审,被称为"三司会审"。

古代最严厉的刑罚之一"诛九族"指的是哪九族?

"诛九族"来自秦变法后的夷三族法,"九族"具体所指有几个不同说法。一说是上至高祖,下至玄孙,包括玄孙、曾孙、孙、子、身、父、祖父、曾祖父、高祖父。一说是父族四、母族三、妻族二。父族四包括姑之子、姊妹之子、女儿之子以及己之同族（父母、兄弟、姐妹、儿女）；母族三包括母之父、母之母以及从母之子（姨母的子女）；妻族二包括岳父、岳母。

"十恶不赦"指的是哪"十恶"？

1.**谋反：**企图推翻封建政权。

2.**谋大逆：**破坏皇帝的宗庙、陵寝、宫殿等。

3.**谋叛：**背叛国家、投靠敌国。

4.**恶逆：**打杀祖父母、父母以及姑、舅、叔等长辈和尊亲。

5.**不道：**杀不应该处死刑的人以及肢解人体。

6.**大不敬：**偷盗皇帝祭祀的器具和皇帝的日常用品，伪造御用药品以及误犯食禁。

7.**不孝：**咒骂、控告以及不赡养自己的祖父母、父母，祖、父辈死后亡匿不举哀，丧期嫁娶作乐。

8.**不睦：**谋杀及拐卖缌麻亲（指同一高祖父母之下的亲属）以上亲属，殴告及大功（同一祖父母之下）以上、小功（同一曾祖父母之下）的亲属。

9.不义: 殴打、杀死长官（一般指州县长官），丈夫死后不举哀并作乐改嫁等。

10.内乱: 指与祖父、父亲的妾通奸。

什么是"泰山封禅"?

"泰山封禅"源于古代帝王封禅祭祀，主要包括"封"和"禅"两个部分。"封"指的是在泰山之巅筑土为坛祭天，表示皇帝受命于天，是天子；而"禅"则是指在泰山脚下的某些小山上进行祭祀，以报答大地的恩泽。这种仪式体现了皇帝与天地之间的神圣联系，是皇帝彰显国家成就、祈求国泰民安的重要方式。

哪位皇帝去泰山封禅次数最多?

泰山封禅次数最多的皇帝是汉武帝刘彻。汉武帝自元封元年（前110年）第一次到泰山封禅后，先后八次到泰山封禅，成为历史上到泰山封禅次数最多的皇帝之一。

"东厂"和"西厂"是什么机构?

"东厂"和"西厂"都是明朝时期高度中央

集权的产物，都是以宦官为首的内臣机构。"东厂"是特务情报机关，主要用处是监督大臣，从朱棣设立到明末存在了200多年。"西厂"是朱见深设立的，目的是侦官民隐事，但"西厂"做事肆无忌惮，只存在了几年便被撤销。

皇帝的龙袍一定是黄色的吗?

历朝历代皇帝的袍服不尽相同。秦始皇统一六国，选黑色为龙袍颜色；汉高祖刘邦承秦制，也选黑色为龙袍颜色，到汉文帝时，转用黄色、红色。从唐朝开始，确立黄色作为皇帝龙袍专用颜色；宋太祖赵匡胤"黄袍加身"的陈桥兵变让黄袍正式成为皇权象征；明朝龙袍以红色为主；清朝时，《大清会典》规定，皇帝的龙袍一般"色用明黄"，用于御殿朝贺等场合。

如何理解西汉初实行的郡国并行制?

郡国并行制结合了郡县制和封国制（分封制），在这种制度下，一部分国土由皇帝直辖，实行郡县制；另一部分土地则被分封给皇族或功臣，实行诸侯分封制。

皇帝为什么被称为"九五之尊"？

中国古代把数字分为阳数和阴数，奇数为阳，偶数为阴。阳数之中，九为最高，五居正中。于是，古代的天子取"九"和"五"，称"九五之（至）尊"，象征至高无上的帝王权威。

"三宫六院"分别指什么？

"三宫六院"一词与故宫的建筑有关。"三宫"指皇帝居住的乾清宫、皇后居住的坤宁宫，以及位于乾清宫和坤宁宫之间的交泰殿。"六院"其实是十二院。"三宫"其实在故宫东、西两路各有六宫。因各宫均为庭院格局建筑，故称为"东六院"和"西六院"。

什么是"入朝不趋"？

"入朝不趋"的"趋"，是指汉朝大臣为了表示对皇帝的尊重，上朝时小步跑着前进。"不趋"就是不用小跑着上殿，这在古代是极高的政治荣誉。

什么是"赞拜不名"?

"赞拜不名"是指臣子朝拜帝王时，赞礼的侍从不直呼其姓名，只称官职。这表示了皇帝对臣子的看重。

什么是"剑履上殿"?

指古代得到帝王特许的大臣，可以佩着剑穿着鞋上朝，被视为极大的优遇。《史记·萧相国世家》，原文为"于是乃令萧何第一，赐带剑履上殿，入朝不趋"。"剑履上殿"是一种极高的政治待遇和荣誉象征，代表着皇帝对大臣的特殊信任和恩宠，在王朝末年，当臣下跋扈，权倾天下时，也会迫使皇帝给予这种待遇，往往预示着权臣有进一步篡夺皇位的野心。

什么是军功授爵制?

军功授爵制实行于春秋时的齐、楚、晋、秦诸国，是依据个人在战争中的表现授予爵位和官职。战国时期，秦国实行商鞅变法，改革了军功授爵制的主要内容，不再局限于少数奴隶主贵族，所有参战的将吏、士卒，只要立有军功，都在赏功酬劳之列。这一制度打破了奴隶主贵族世袭爵位的惯例，有利于新兴地主阶级的崛起。

科举考试考几天？

明代及清代乡试考试时间共9天6夜或者是9天7夜的，分3场考完，每场3天2夜。每场考试中途不准出考场，答题与吃、喝、睡都在"号舍"内。会试与乡试相同，也是考三场，每场三天。殿试只考一天。

琼林宴是为谁举行的宴会？

琼林宴是为殿试后新科进士举行的宴会，始于宋代。宋太宗规定，在殿试后由皇帝宣布登科进士的名次，并赐宴庆贺。由于赐宴都是在著名的琼林苑举行，故称作"琼林宴"。

"金榜题名"中的"金榜"指的是什么？

"金榜"是古代殿试录取考生成绩的排名榜，只有在金榜上有名字才是考中进士，所以考中进士叫"金榜题名"。

"三元及第"指的是哪"三元"？

"三元"是科举名词。清代科举制度中童生

参加县试、府试、院试，凡名列第一者，称为案首。一人连得三案首为小三元。连得乡试解元、会试会元、殿试状元者为大三元。

"六元及第"指的是哪"六元"？

科举制度称县试、府试、院试的第一名为案首，乡试、会试、殿试的第一名分别为解元、会元、状元，合称"六元"，而接连在县试、府试、院试、乡试、会试、殿试中考中第一名，便是"六元及第"。

"春闱"是什么？

因唐、宋礼部试（省试），金、元、明、清在京师举行的会试均在春季举行，故称"春闱"。

科举考试多久举行一次？

唐朝与宋朝初年科举考试每年举行一次，宋太宗时期改为每一年或两年举行一次科举考试。宋英宗治平三年（1066年）时改为三年一次，自此三年一届的科举考试制度确立了下来。

"秋闱"是什么意思?

明、清正式科举考试分为乡试、会试、殿试三级,乡试考期在秋季八月,故称"秋闱"。

古代有小学、中学、大学之分吗?

古时有"大学"和"小学"。"大学",即是太学。古书中的"大""太""泰"三字往往通假,故"大学"即为"太学",是古时天子和诸侯设立的教育场所。"小学"最初是西周时为贵族学龄儿童设置的初级学校,其后各代继续设立,名称不一。

我国最早的学校是什么时候出现的?

我国最早的学校出现在夏朝。据《孟子·滕文公上》记载"夏曰校",有文献表明夏朝主要有"序"(奴隶主贵族的教育场所)和"校"(平民与奴隶的教育场所),可看作学校有了初步的雏形。

"君子六艺"中的"六艺"具体指什么?

"六艺"指的是古代教育的六种科目,即礼、乐、射、御、书、数。"礼"即礼节,类似现在讲的行为礼仪和道德规范;"乐"指音乐、诗歌、舞蹈;"射"指射箭技术;

"御"指驾驶马车的技术;"书"指书法(书写、识字、作文等);"数"指算数、数学等知识。

什么是"察举制"?

"察举制"是中国选才取士的一种制度,确立于汉武帝时期,其主要特征是由地方长官在辖区内随时考察、选取人才并推荐给上级或中央,经过试用考核再任命官职。

什么是"九品中正制"?

"九品中正制"是魏晋南北朝时期一种重要的官吏选拔制度,又名"九品官人法"。其主要内容为:在各州郡选择有名望且善识人才的官员任"中正",然后按照家世、道德、才能等标准,将本地士人评为上上、上中、上下、中上、中中、中下、下上、下中、下下九等,作为吏部授官的依据。

影响最大的私学创办者是谁?

私学是中国古代私人设立的学校,与官学相区分。孔子在中年时开始开办私学,广收门徒,打破了贵族对学校教育的垄断。孔子私

学的规模最大、影响最深，在中国教育史上占有重要地位。

"孔门十哲"都是谁？

孔门十哲，是指的是孔子门下的十位学生，即：颜渊、子骞、伯牛、仲弓、子有、子贡、子路、子我、子游、子夏。《论语·先进》中记载道："子曰：'从我于陈蔡者，皆不及门也。德行：颜渊、闵子骞、冉伯牛、仲弓；言语：宰我、子贡；政事：冉有、季路；文学：子游、子夏。'"

孔子周游列国花费了多长时间？

孔子周游列国是以鲁国为原点，途经齐、宋、卫、陈、郑、楚等国，历时近13年，最终回到鲁国。

选拔文官的考试是科举考试，选拔武官的考试是什么？

在古代科举制度中，武夫也可以通过另外一种科举考试——武举，获得功名。武举又称武科，是古代专为选拔武职人才而设置的科目。

科举考试中的武科的创立时间是在什么时候？

科举考试中的武科，创立于武则天长安二年（702年），《新唐书》记载："又有武举，盖其起于武后之时，长安二年，始置武举。"

中状元为什么叫"独占鳌头"？

古代的皇宫中，在殿前的台阶下都刻有一幅鳌鱼的浮雕。科举考中状元者往往要站在这一浮雕前的特定位置，接受皇帝的钦点。因此，人们将中状元称为"独占鳌头"。

同进士出身和进士出身一样吗？

同进士出身和进士出身名次不同。殿试三甲，一甲只有三个人，叫进士及第，分别是状元、榜眼、探花；二甲若干人，赐进士出身；三甲若干人，赐同进士出身。

为什么用"名落孙山"指考试落榜？

相传，古代吴地有一个人叫孙山，有一年，他和他同乡的儿子一起去参加考试。放榜的时候，孙山是榜上最后一位，而同乡之子没上榜。等孙山回去之后，同乡问孩子考得怎么样，孙山说："解名尽处是孙山，贤郎更在孙山外。"于是，"名落孙山"就用来指代考试落榜。

古代拜师用的"束脩"是什么东西?

古代入学拜师时,学生会送给先生礼品,称作"束脩"。"脩"是干肉的意思,十条干肉为"束脩"。后泛指送教师的酬金。

"文房四宝"都有什么?

"文房四宝"是中国独有的书法绘画工具,即笔、墨、纸、砚。"文房四宝"之名起源于南北朝时期。历史上,"文房四宝"所指之物屡有变化。

在南唐时,"文房四宝"特指宣州诸葛笔、歙州李廷珪墨、徽州澄心堂纸、歙州龙尾砚。自宋朝以来"文房四宝"则特指湖笔、徽墨、宣纸、端砚。

"午门斩首"是真的吗?"午门"在哪里?

电视剧里的"午门斩首"并不是真的,因为午门是紫禁城的南大门,用来举办典礼。之所以称为午门,是因其居中当阳,位当子午。

"商鞅变法"里的商鞅最后的结局是什么？

商鞅在秦孝公的支持下推行变法，前后历经18年，一改秦国贫弱的情况，使得秦国上下焕然一新，成为强国。秦孝公去世后，商鞅被公子虔诬为谋反，新秦王嬴驷以"谋反罪"抓捕商鞅，最终商鞅死于彤地，尸身被运至咸阳五马分尸，全家被杀。

"击鼓鸣冤"最早是从什么时候开始的？

这项制度最早可追溯到上古尧帝时期的"欲谏之鼓"，在三国两晋南北朝时期，敢谏之鼓衍生出鸣冤之用，皇帝在听到鼓声之后，就必须处理这件冤情。

古代有类似法院的部门吗？

古代的大理寺专门负责刑狱案件的审理。长官名为大理寺卿，位九卿之列。大理寺在历史不同时期名称不同，秦汉为廷尉，北齐为大理寺，历代沿用此名。

武则天是中国唯一的女皇帝吗？

武则天称帝后当政15年，是中国历史上唯一的正统女皇帝。武则天为唐朝开国功臣武士彟次女，母亲为杨氏（出身隋朝皇室，父亲为隋朝观德王杨雄之弟遂宁公杨达），祖籍并州文水县（今山西省吕梁市文水县）。

为什么称唐玄宗为唐明皇？

唐玄宗李隆基谥号为"至道大圣大明孝皇帝"，故称为唐明皇。

最早垂帘听政的太后是谁？

垂帘听政这个词出自《旧唐书》，意思是太后或者皇后到朝堂听政，听政之时用垂下的帘子遮挡。第一位垂帘听政的太后是战国时期秦国宣太后。《史记·秦本纪》中记载道："昭襄母楚人，姓芈氏，号宣太后。"宣太后本是秦惠文王的姬妾，秦惠文王死后，长子嬴荡即位，是为秦武王，后因举鼎而死。秦武王无嗣，于是武王异母弟嬴稷继位，是为秦昭襄王。宣太后就以太后的名义出来听政，开创了垂帘听政的先河，长达41年。也有观点认为东晋的康献皇后褚蒜子是第一位垂帘听政的皇太后。据《晋书》记载，"皇太后设白纱帷于太极殿，抱帝临轩"。这是有史以来最早有明确"垂帘"形

式记载的临朝听政。

凌烟阁的作用是什么?

凌烟阁是唐代为表彰功臣而建筑的绘有功臣图像的高阁，位于唐朝京师长安城太极宫东北隅。贞观十七年（643年）二月，唐太宗李世民因怀念当初一同打天下的诸位功臣，在长安城太极宫东北隅建凌烟阁，由唐太宗亲题赞词，褚遂良题额，阎立本画像，共绘画开国功臣24个人像于阁上。唐太宗时常前往怀旧，后又有唐肃宗等皇帝在凌烟阁加绘功臣图像。

"午时三刻"是什么时候?

古代将一昼夜划为12个时辰，又划为100刻。"午时"一般是现在的中午11点至13点之间，"午时三刻"约为现代的11点45分，将近正午12点。

为什么古代官府多选择在午时三刻问斩?

午时三刻是将近正午12点，这个时间是太阳挂在天空正中央、地面上阴影最短的时候。也就是当时人看来一天当中"阳气"最盛的时候。

古代一直认为问斩犯人是"阴事"，杀气重，应该把这样的事情放在阳气最盛的时刻。所以，尽管法律上没有"午时三刻"问斩的规定，但官府实际上多按照"午时三刻"来行刑。

为什么汉朝分为"东汉"和"西汉"？

汉朝分"东汉"和"西汉"是因为中间发生过断层，出现过新朝。在王莽建立新朝之前，汉朝的都城在长安。王莽建立新朝后，汉高祖刘邦的九世孙刘秀推翻王莽，重新建立汉朝，并将都城定在洛阳。因为洛阳在长安的东边，为了区分这两个时期的汉朝，就有了"东汉"与"西汉"的叫法。

什么是庙号？

庙号是中国君主死后在庙中被供奉时所称呼的名号，起源于重视祭祀与敬拜的商朝。隋朝以前，并不是所有君王都有庙号，一般君王死后会建筑专属的家庙祭祀，但在几代之后就必须毁去原庙，于太庙合并祭祀。

合于太庙祭祀称之为"祧"。而对国家有大功、值得子孙永世祭祀的先王，就会特别追上庙号，以示永远立庙祭祀之意。

庙号是如何定下来的？

太祖、高祖通常是开国皇帝或王朝奠基者的庙号，如汉高祖刘邦。世祖一般是王朝的承上启下者，如东汉开国皇帝刘秀。太宗一般是王朝中的佼佼者，如唐太宗李世民。仁宗通常表示皇帝性格宽厚仁慈，如明仁宗朱高炽。孝宗表示皇帝孝顺，如宋孝宗赵昚。中宗、宪宗是中兴之主的庙号，如汉宣帝刘询庙号中宗。

什么是谥号？

古代历史上的皇帝、皇后以及诸侯大臣等社会地位相对较高的人物，在去世之后朝廷会依据其生前所作所为给出一个具有评价意义的称号，这就是通常意义的谥号。

谥号有哪几种？

谥号根据谥法而选定，谥法规定了一些具有固定含义的字，供确定谥号时选择。这些字大致分为：上谥，即表扬类的谥号，如"文"，表示具有"经纬天地"的才能或"道德博厚""勤学好问"的品德；下谥，即批评类的谥号，如"厉"表示"暴慢无亲""杀戮无辜"；平谥，多为同情类的谥号，如"怀"表示"慈仁短折"。上述三类谥号，一般属于官谥。

私谥是有名望的学者、士大夫死后，由其亲戚、门生、故吏为之议定的谥号。私谥始于周末，兴盛于汉朝。

监狱最早可追溯到什么时候？

中国最早的监狱可追溯到夏、商、周时期，这时候就已经有了监狱的雏形，但是最早的监狱只是把人关在固定的地方。

古代监狱里的犯人会得到免费的饮食吗？

大部分朝代不会。秦汉时期，囚犯的粮食有时会按照他们的劳动量发放。自晋代至明代，囚犯口粮由其家庭提供，对于家庭贫困者，官府会给予一定的供应。到了清代，囚犯衣粮均由监狱配给，不过遇到灾荒年

份，犯人还可能要自付伙食费。

"大赦天下"是从什么时候开始的?

"大赦天下"的提法是从秦二世二年（前208年）开始有明确记载的，到了唐朝和宋朝，"大赦天下"变得频繁起来，大概平均18个月，皇帝就"大赦天下"一次。

一般在什么情况下会"大赦天下"?

"大赦天下"的引申含义就是既往不咎，不再追究过去的问题。皇帝登基、皇帝驾崩、更换年号、皇帝生儿子、立皇后、立太子等情况下，常常都会颁布赦令，大赦天下。天下大乱或者自然灾害，也会大赦天下，因为自然灾害的时候，民不聊生，犯罪现象就会增多，所以皇帝就会大赦天下，以缓解社会矛盾。

古代的户籍制度起源于何时?

户籍制度起源于西周。春秋时发展为书社制度，二十五家为一社，要把社人姓名书写在册籍上。战国时，地方长官每年要将境内户口登记状况和赋税收入预算呈报国君。

秦国商鞅变法后，进行严格的户籍管理，又将户籍与军事编组相结合，五家为"伍"，十家为"什"，履行"什伍连坐法"。

古代的户籍制度有什么作用？

古代的户籍制度有稽查户口、征收赋税、调派徭役、维护统治秩序等作用。

古人可以自由迁徙吗？

秦汉时期禁止自由迁徙，人口迁移需要经过乡官的批准。宋朝在户籍管理上较为自由，不限制百姓的迁徙，从外地移居过来的居民，居住一年以上就能获得当地的户口。元、明时期，农民不能够自由迁徙，离乡必须有"路引"（通行凭证）。清代时户籍制度又宽松了许多，不再限制出行。

王安石变法中的"青苗法"具体指的是什么？

"青苗法"亦称"常平新法"，是王安石变法的措施之一，主要内容是：改变官府之前通过丰年抬高粮食收购价、荒年降低卖米价来控制粮价的做法，将常平仓、广惠仓的储粮折算为本钱，以20%的利率贷给农民、城市手工业者。

什么是"摊丁入亩"?

"摊丁入亩"是清朝时期开始实行的一种税制改革,是把丁银(包括人头税和徭役)按照土地亩数平均分配到田赋中去,不再按人头征税,清朝继续实施这种赋税政策。之前人口多则交税多,实行"摊丁入亩"后,家里田地多则交税多,田地少则交税少,这一政策减轻了农民的负担。

什么是"一条鞭法"?

"一条鞭法"是明代嘉靖时期确立的赋税及徭役制度的改革办法,新法规定:把各州县的田赋、徭役以及其他杂征总结为一条,合并征收银两,按亩折算缴纳。此举简化了税制,方便征收税款。

分家制度起源于什么时候?

分家制度起源于战国时秦国,秦孝公时商鞅起草《分户令》,秦国强制分家,大家族分划成小户家庭。

"路引"是什么？

"路引"实际上就是离乡的通行证。明朝年间有规定：人员远离所居地百里之外，需要持有由官府发下的公文，这个公文就叫"路引"，无"路引"或与之不符者，依律治罪。

和亲最早是从什么时候开始的？

和亲是指中原王朝统治者与外族或外国出于政治目的而达成的政治联姻。在早期的西周时期，就有诸侯王与其他诸侯国或族群之间的联姻行为。"和亲"这一术语在汉朝初年得到广泛使用。汉朝开国皇帝汉高祖刘邦在与匈奴的战争中失败后，采纳了谋士刘敬（本姓娄）的建议，将一位宗室女子嫁给匈奴单于，从而开启了汉朝与匈奴之间的和亲政策。

和亲的公主都是皇帝的女儿吗？

在不同时期，各位和亲公主的身份也不一样，和亲公主里包括皇女、皇妹，如唐朝的宁国公主；诸侯王女，如汉朝的细君公主；宗室女，如隋朝的安义公主；宗室甥女，如唐朝的永乐公主；功臣女、家人子；媵女和宫女，如汉朝的王昭君。

和亲后的公主还能回来吗？

按照一般规矩，和亲公主嫁出去之后是回不来的。不过有例外，唐穆宗的妹妹太和公主和亲回鹘，在回鹘待了20多年后，又回到了唐朝长安。

"密如凝脂，繁似秋荼"形容的是哪个朝代的法律？

"密如凝脂，繁似秋荼"形容的是秦朝的法律。汉代桓宽的《盐铁论·刑德》中说："秦法繁于秋荼，而网密于凝脂。"意思是秦朝的法条比秋天的荼蘼花还繁多，并且法网比凝固的油脂还细密。

皇帝的别称有哪些？

皇帝的别称包括：大家、大王、大君、万岁、天子、圣上、皇上、陛下等。

什么是三省六部制？

三省六部制是古代封建社会的一套中央官制。它确立于隋朝，完善于唐朝。"三省"指中书省、门下省、尚书省，"六部"指尚书省下属的吏部、户部、礼部、兵部、刑部、工部。

秦朝的三公九卿制具体包括哪些官员?	三公九卿制是秦朝的中央行政机关实行的一种制度。"三公"即丞相、太尉、御史大夫,"九卿"即奉常、廷尉、治粟内史、典客、郎中令、少府、卫尉、太仆、宗正。
八股文中的"八股"指的是什么?	八股文就是指文章的八个部分,明、清科举考试的文体有固定格式,由破题、承题、起讲、入手、起股、中股、后股、束股八部分组成,因此称八股文。
古代最早实行的爵位制度是什么?	西周时期的"公、侯、伯、子、男"是中国最早实行的爵位制度。
"上古四圣"分别指的是谁?	皋陶、尧、舜、禹被后人尊为"上古四圣",他们是上古时代传说中的四位贤人。
秦国的20级军功爵位由低到高分别是什么?	秦国的20级军功爵位由低到高分别是:公士、上造、簪袅、不更、大夫、官大夫、公大夫、公乘、五大夫、左庶长、右庶长、左更、中更、右更、少上造、大上造、驷车庶

长、大庶长、关内侯、彻侯。

商鞅变法的军功爵位的授予标准是什么?

商鞅变法规定:秦国的士兵只要斩获敌人"甲士"(敌军的军官)一个首级,就可以获得一级爵位"公士"、田一顷、宅一处和仆人一个。斩杀的首级越多,获得的爵位就越高。

最早使用"奉天承运,皇帝诏曰"的是哪位皇帝?

最早使用"奉天承运,皇帝诏曰"的皇帝是明太祖朱元璋。1368年,朱元璋在南京称帝后建造了一座皇城,其中的朝会大殿被命名为奉天殿,与臣下诰敕命中必首称"奉天承运皇帝"。

什么是二十四衙门?

二十四衙门是明代宦官侍奉皇帝及其家族的机构,内设十二监、四司、八局,统称二十四衙门。

"并赃"是什么意思?

"并赃"的意思是合并赃罪。例如十人共盗窃丝绸十匹,每人分一匹,但论罪时按照每人盗窃十匹计算。

什么品级的官员可以用彩棺?

彩棺是古代装殓死者的器具的一种,棺身上具有彩绘的图案。清代,亲王以下、宗室以上官员可用彩棺。

什么是册宝?

册宝即册书和宝玺。宋朝大臣为皇帝或太后等上尊号,加以称颂时,常奉上册宝,册以条玉,加以红线相连,可以卷舒,以金填字,宝即印章。清朝册封皇太后、皇后、贵妃等,皆用金册与金玺。

什么是茶客?

茶客的本义是去茶馆喝茶的人,后用来形容经营茶业的商人。

"单于"是什么意思?

"单于"是匈奴人对他们部落联盟首领的专称,意为广大之貌。此称号始创于匈奴著名的冒顿单于之父头曼单于,之后该称号一直沿袭至匈奴灭亡。

"车同轨"中统一车轨为多宽?

秦始皇统一六国后，下令实行"车同轨"，规定全国所有车辆的轮距都改为六尺。

"臣工"是什么意思?

"臣工"指的是群臣百官，它在古代中国特指为君主或朝廷工作的官员和工作人员。如《诗·周颂·臣工》中记载道："嗟嗟臣工，敬尔在公。"

什么是"成丁"?

"成丁"的意思是男子成年后必须编入丁册，意味着已到服役年龄。不同朝代对"成丁"所规定的年岁不同，大部分的"成丁"年岁规定在20岁左右。

什么是"笞刑"?

"笞刑"是刑罚的一种，始于战国时期，是用小荆条或小竹板责打犯人背部、臀部或腿部的轻刑。

第七章

天文历法
发明发现

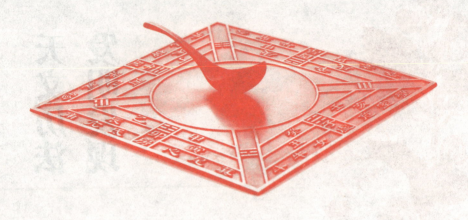

**"二十八星宿"
指的是什么？**

二十八星宿是中国古代天文学家为观测日、月、星辰运行而划分的28个星区，由东方青龙、南方朱雀、西方白虎、北方玄武各七宿组成。具体为东方青龙七宿——角、亢、氐、房、心、尾、箕；北方玄武七宿——斗、牛、女、虚、危、室、壁；西方白虎七宿——奎、娄、胃、昴、毕、觜、参；南方朱雀七宿——井、鬼、柳、星、张、翼、轸。

黄历为什么又被称作皇历？

黄历是古代朝廷颁布的一种历法，是在农历的基础上发展而来的，并加入了迷信的"宜忌"等内容。因为是用黄纸印的，所以它叫作黄历；又因为是皇帝颁发的，所以又被称作皇历。

物候历是什么？

物候历是以自然界的物候现象为指标，用来表示一年中季节来临或迟或早的日历，也称作自然历、农事历。我国第一部物候历是《夏小正》。

古代的十二时辰如何划分、如何命名？

十二时辰的划分与命名是：晚上11点至次日1点为子时，凌晨1—3点为丑时，凌晨3—5点为寅时，凌晨5—7点为卯时，早上7—9点为辰时，早上9—11点为巳时，中午11点至午后1点为午时，午后1—3点为未时，午后3—5点为申时，傍晚5—7点为酉时，晚上7—9时为戌时，晚上9—11点为亥时。

干支指的是什么？

干支是天干和地支的总称。天干为：甲、乙、丙、丁、戊、己、庚、辛、壬、癸。地支为：子、丑、寅、卯、辰、巳、午、未、申、酉、戌、亥。

立竿测影是什么？

立竿测影又称土圭测影、圭表测影。表是直立的竿子，圭是平放在地上的玉板。《说文》云："圭，瑞玉也。上圆下方。"日影长短就从平放的圭上显示出来。土，度也，测量的意思。土圭，就是度圭，测量圭上日影的长短以定时令。

世界上最早的天文学著作是什么？

世界上最早的天文学著作是《甘石星经》，大致成书于战国时期。甘德著有《天文星占》八卷，石申著有《天文》八卷，两书合称《甘石星经》。

我国对月食的记载最早起源于什么时候？

我国对月食的记载最早起源于殷商时期。根据《中国古代天象记录的研究和应用》等资料，最早的月食记录是"商武丁旬壬申夕"（约前1309年）。这一记录出自殷商武丁时期的一根卜骨，上面刻辞为"旬壬申夕，月有食"，现馆藏于天津博物馆。

《夏小正》中记载了什么？

《夏小正》原为《大戴礼记》中的一篇，在《隋书·经籍志》首次出现《夏小正》单行本。《夏小正》按夏历12个月的顺序，分别记述每个月中的星象、气象、物候以及所应从事的农事和政事。

二十四节气起源于什么时候？

相传，二十四节气起源于战国时期，在《淮南子·天文训》中，有完整的二十四节气记载，其名称和顺序都同现今通行的基本一致。西汉武帝时期，"二十四节气"被纳入《太初历》，作为指导农事的历法补充。

"岁星纪年法"是什么？

"岁星纪年法"是一种以木星所在星次来纪年的方法。古人很早就认识到木星约12年运行一周天。人们把周天十二分，称为十二次，木星每年行经一次，就用木星所在的星

次来纪年。因此木星被称为岁星，这种纪年法也被称为岁星纪年法。

"璇玑玉衡"是什么？

"璇玑玉衡"一词出自中国古籍《尚书·舜典》，原文为："在璇玑玉衡，以齐七政。"由于记载简略，含义难以理解，从汉代起就对"璇玑玉衡"产生两种不同的看法：一主星象说，一主仪器说。

司马迁主张"璇玑玉衡"就是北斗七星，《史记·天官书》上记载道："北斗七星，所谓'璇玑玉衡以齐七政'。"

从汉代起，认为"璇玑玉衡"是仪器的也大有人在。孔安国说，"璇玑玉衡"为"正天之器，可运转"，肯定"璇玑玉衡"为仪器。郑玄说"运动为玑，持正为衡，以玉为之，视其行度"，这也是指仪器。

日晷名字的由来是什么？

"晷"字的古义是太阳的影子。汉代以及后来很长的时期内把圭表测得的太阳影长称为"日晷"。大约元、明以后才把测天体的方位以定时刻的仪器称为"晷"。明末以后，作为测时器名称的"日晷"才流行于世。

漏壶是如何计量时间的?

漏壶按计时方法大体上可分为两种：一种是观测容器内水的减少情况来计量时间，叫作泄水型漏壶；另一种是观测容器内流入水的增加情况来计量时间，叫作受水型漏壶。中国的漏壶也称漏刻。早期的漏壶是在漏壶中插入一根标杆，称为箭。箭下用一只箭舟托着，浮在水面上。水流出或流入壶中时，箭下沉或上升，借以指示时刻。泄水型漏壶，叫作沉箭漏；受水型漏壶，叫作浮箭漏。

周代观测天象的场所叫什么?

中国周代观测天象的场所名为灵台。《诗经·大雅》中记载道："经始灵台，经之营之。庶民攻之，不日成之。"可知至少2500年以前已有天文台。

中国现存最早的天文台建筑是什么？

中国现存最早的天文台建筑是登封观星台，坐落在河南省登封市，创建于元朝初年。中国历代有许多天文学家曾到这里进行天文观测。

仰仪是什么？

仰仪是古代的一种天文仪器，是元代天文学家郭守敬创制的。仰仪基本是一种球面日晷。不过，仰仪的功能比球面日晷广泛，它能测定日食发生的时刻，还可以估计日食的方位角、食分多少和日食发生情况的全过程。它甚至还能观测月球的位置和月食情况。这架仪器利用针孔成像的原理，避免人眼对强烈的太阳光作直接观测。

中国古代最优秀的历法是什么？

授时历堪称中国古代最优秀的历法，为元代郭守敬、王恂、许衡等人所创制。授时历于1281年正式颁订，吸收了以往历法的优点，极富创新。它完全废除了上元积年，定一年为365.2425日；采用百分制，一日为100刻，一刻为100分，一分为100秒；

以365.2575度为一周天，岁差66年8个月退行一度；规定回归年长度每100年减少万分之一。授时历十分精确，同现行的公历几乎相同。

地动仪是谁创制的？

地动仪是中国古代测定地震方位的仪器，由东汉张衡于公元132年创制，与浑象、浑仪、圭表、刻漏等天文仪器一起置于洛阳灵台，供观测之用。《续汉书》《后汉纪》《后汉书》中均记载了地动仪的形制、构造和功能特征。

地动仪由青铜铸造，整体造型宛若汉代酒樽，直径八尺（汉初1尺约等于0.24米），顶盖穹隆，樽壁附八个口衔铜丸的龙首，下部由八只张口铜蟾蜍承托樽体，与龙首上下对应。仪器表面雕刻四灵纹饰和卦文（乾、坎、艮、震、巽、离、坤、兑），以示八方。

地动仪是如何检测地震的？

地动仪是利用惯性原理测震的。仪器内部的中央有一根都柱，旁设八条滑道、触发机构和传动杠杆。遇有地震，樽体被摇晃，各部件启动，触动一个龙首的铜丸落入蟾蜍口中，激扬之声报警示人。仪器曾测到东汉顺帝阳嘉三年十一月壬寅（134年12月13日）的陇西（今甘肃天水一带）地震，而当时在洛阳的人未曾感觉到地震所引起的地面振动。

古代关于太阳黑子的记录都有哪些？

中国古代对太阳黑子的观测有悠久的历史。中国古代哲学著作《周易》中有"日中见斗""日中见沫"的记载，说的可能就是太阳黑子。1972年长沙马王堆一号汉墓中出土的帛画上方画着一轮红日，中间蹲着一只乌鸦。据考证，其为中国古代神话所说的"日中乌"，被认为是对太阳黑子现象的艺术描述。

在中国的史书中，观测到太阳黑子通常都记为"日中有黑子""日中有黑气"等。例如，《汉书·五行志》中记载：成帝河平元年"三月乙未，日出黄，有黑气大如钱，居日中央"（据考证，"乙未"应为"己未"）。

这是公元前28年5月10日的太阳黑子记录，是中国史书中第一条确切无疑的黑子记录。

哈雷彗星最早被记录在哪本书中？

哈雷彗星最早被记录在《春秋》一书中。鲁文公十四年（前613年），"有星孛入于北斗"，这是世界公认的首次关于哈雷彗星的确切记录。

四大发明具体指的是什么？

四大发明具体指的是造纸术、指南针、火药和印刷术。

"九九乘法口诀"起源于何时？

乘法口诀起源于战国时期，并在之后的2000多年里一直是中国人数学学习的基础。湖北荆州出土的战国楚简《九九术》，是迄今为止发现的最早的乘法口诀实物。

指南针的指针指的是北方，为什么被叫作指南针？

古代指北的标志物是北极星，用北极星指北是中国古人的常识和传统，因此古代发明指南针之后命名为"司南"，演变到现在称之为指南针。

龙涎香是用什么制成的？

龙涎香是一种十分名贵的香料，它是自然的产物，是大型海洋生物抹香鲸肠道内的一种分泌物。

青花瓷是怎么烧制出来的？

青花瓷是中国瓷器的主流品种之一，属釉下彩瓷。青花瓷是用含氧化钴的钴矿为颜料，在陶瓷坯体上描绘纹饰，再罩上一层透明釉，经高温还原焰一次烧成。

唐三彩是如何烧制的？

唐三彩是在汉代釉陶基础上发展起来的，最早出现于唐高宗时期，开元时期达到鼎盛，天宝以后日渐衰落。唐三彩以白色黏土为原料，先用1000℃以上的温度烧制素坯，上釉后，在800℃左右温度下烧制而成。

古代最大的青铜礼器是什么？

现知的古代最大的青铜礼器是后母戊鼎，1939年出土于河南省安阳市殷墟王陵区商代大墓。后母戊鼎高133厘米，口长110厘米，口宽79.2厘米，重832.84千克，现收藏于中国国家博物馆。

漆器发展繁盛的时期是?

战国是漆器发展繁盛的时期，漆器制作逐渐成为独立的手工业部门，产量很大，小至食具、酒具，大到家具、兵器、车舆等用具都可用漆器制成。在湖北江陵楚墓、随州曾侯乙墓等战国墓葬中都发现了大批漆器。

走马灯的名字是怎么来的?

走马灯是古时候一种供人们玩耍和观赏的灯。因古人喜欢在灯的各面绘制武将骑马的图画，灯转动时看起来好像几个人你追我赶一样，故名走马灯。

走马灯有什么样的发展历史?

走马灯最早可追溯到汉代，历朝历代对其称呼可能有所不同。秦汉时期称其为蟠螭灯，唐朝时期称其为转鹭灯，主要流行在宫廷内。到宋代又称其为"马骑灯"，并逐渐传入民间。走马灯种类复杂，材质、造型和纹样繁多。装饰上以铁骑追逐的人物形象为主。根据使用场景的不同，旧时的走马灯主要分为宫廷用灯、玩具用灯和观赏用灯三种，发展到现代，主要以观赏为主。

古人是什么时候发现勾股定理的？

勾股定理在我国古代数学著作中最早记录于《周髀算经》。目前可考的记录为，公元前11世纪，商末周初数学家商高就提出"勾广三、股修四、径隅五"。

《九章算术》分为哪九章？

《九章算术》是中国古典数学最重要的著作之一，具体有方田、粟米、衰分、少广、商功、均输、盈不足、方程、勾股九章。

割圆术是什么？

割圆术是魏晋时期的数学家刘徽首创的为计算圆周率而建立的严密的理论和完善的算法，也就是用圆内接正多边形的面积去无限逼近圆面积并以此求取圆周率的方法。

珠算起源于什么朝代？

珠算是以算盘为工具进行数字计算的一种方法，由"筹算"演变而来。珠算一词最早见于汉朝徐岳撰的《数术记遗》。明朝，在商业发展需要条件下，珠算术普遍得到推广，逐渐取代了筹算。现存最早载有算盘图的书是明洪武四年（1371年）的《魁本对相四言杂字》刻本。

风筝的起源是什么？

对于风筝的起源，说法不一。有人认为风筝是人类模仿飞鸟的结果，中国春秋战国时期模仿飞鸟制造的木鸢和木鹊实际上就是风筝；也有人认为风筝是人们看到树叶在风中飘飞受到启发而发明的；还有人认为风筝是人们看到旗幡或帆在空中飘舞受到启发而发明的。中国古画中的风筝形状也多是长方形的"排子"风筝。据考证，后两种说法更接近于实际。

中国现存最早的完整的农书是什么？

中国现存最早的完整的农书是北魏贾思勰所著的《齐民要术》，全书共计10卷92篇，系统地总结了六世纪以前黄河中下游地区劳动人民农牧业生产经验、食品的加工与贮藏、野生植物的利用以及治荒的方法，详细介绍了季节、气候、不同土壤与不同农作物的关系。该书被誉为"中国古代农业百科全书"。

《农政全书》讲的主要是什么？

《农政全书》为明朝徐光启所撰，内容包括了明代的农业生产和人民生活的各个方面。与其他农书重在论述生产技术知识不同，《农政全书》中贯穿治国治民的"农政"思想，农业生产关系和生产技术并重。此书在中国农学史上具有重要地位。

中国第一部茶学专著是什么？

中国第一部茶学专著是《茶经》，成书于唐代，作者为陆羽。书中涉及茶的性状、品质、产地、采制、烹饮方法及用具等内容，分为上中下三卷，共计10篇。

翻车是谁发明的？

翻车又称为"龙骨水车"，是中国古代重要的农田灌溉工具，由东汉毕岚发明，经过三国时期马钧改进，最终于唐宋时期定型。翻车的结构以木板为槽，尾部浸入水流中。另一端有小轮轴，固定于堤岸的木架上。用力踩动拐木，使大轮轴转动，带动槽内板叶刮水上行，倾灌于地势较高的田中。

古代可以计算行驶里程的专用车辆叫作什么，它是如何进行计算的？

古代可以计算行驶里程的专用车辆叫作记里鼓车，又称记道车。刘歆所著的《西京杂记》中记载道："记道车，驾四，中道。"汉画像石有"鼓车"图。唐代以前车仅一层，唐以后分为两层，即行一里下层木人击鼓，行十里上层木人击镯。

《宋史·舆服志》则详细记述了车的结构、尺寸、规范："仁宗天圣五年，内侍卢道隆上记里鼓车之制，'独辕双轮，箱上为两重，各刻木为人，执木槌。……其中平轮转一周，车行一里，下一层木人击鼓，上平轮转一周，车行十里，上一层木人击镯。凡用大小轮八，合二百八十五齿，递相钩锁，犬牙相制，周而复始'。"

丝绸起源于什么时代？

中国的丝绸起源于新石器时代，在浙江湖州的钱山漾与河南荥阳的青台村，分别发现了约公元前2750年、公元前3000年的丝织品。从殷商西周的青铜器、玉器等上的印痕判断，那时已能织造组织较复杂的罗、本色提花织物和彩色图案的锦，并有了刺绣和印染。此后，中国的丝织技艺愈益精湛，品种越发丰富。

中国的丝绸产地多分布在哪里？

中国的丝绸产地分布广泛，唐朝中期以前，黄河中下游地区是丝绸的主要产区，此后，长江下游地区逐渐崛起，到明清时期，成为丝绸的主产区。除此之外，以成都为中心的四川盆地也是丝绸的著名产区。

"四大名绣"指的分别是什么？

"四大名绣"指的分别是苏绣、蜀绣、湘绣和粤绣。

"三大名锦"指的分别是什么？

"三大名锦"指的分别是云锦、蜀锦和宋锦。

"纱"的历史可以追溯到什么时候？

"纱"是中国传统的丝织物，辽宁朝阳西周墓的发掘表明，最晚在西周，中国已经掌握了织纱技术。此后，纱一直是中国丝绸的重要品种，轻柔的纱也往往体现了丝织技艺的高超水平。西汉前期，中国的织纱技术已经水平极高，湖南长沙马王堆汉墓里的素纱襌衣，每平方米的重量仅有10余克。

生绢和熟绢有什么样的区别？

"绢"是一种丝织品，古代常用绢来绘制图画、抄写诗词、书写经文、记载文献等。"绢"有生绢与熟绢之分，生绢又称生丝绢，即未经多次加工的绢，其丝较粗；熟绢亦称熟丝绢，是对生绢施以熬煮等加工工序使其变软，再刷上矾水使其不再具有渗水性。熟绢是大多数工笔画家选用的工笔画绘画材料。

制墨技术可追溯到什么时候？

殷墟发掘出土的甲骨中，就有朱书和墨书的字迹。朱即朱砂，墨为石墨或炭墨，这些都是早期的天然墨，商代遗物中还曾发现有木炭细末，这很可能是当时人们制作的"木炭墨"。由此推断制墨技术年代应始于商。汉代与先秦一样也多用天然石炭制成的石墨，但质量已有所提高。

制墨的方法是什么？

北魏贾思勰所著《齐民要术》最早记述了制墨的方法：用上好烟捣细，过筛；一斤烟末和上五两好胶，浸在梣树皮汁中，再加五个鸡蛋白，又将一两朱砂、二两麝香捣细和入，放入铁臼，捣三万下。每锭墨不超过三两，宁可小，不可大。

"宣纸"名字的由来是什么，"宣纸"最早记载在哪里？

相传，宣纸之名来源于宣州（今安徽省宣城市）地名，《新唐书·地理志》中有宣州府宣城郡贡纸的记载。最早记载宣纸的文献为唐代张彦远所著的《历代名画记》，其中记载道："好事家宜置宣纸百幅，用法蜡之，以备摹写。"

中国古代有什么类型的乐谱？

一般来说，古乐谱分为指位谱和音位谱。指位谱如文字谱《碣石调·幽兰》，是清末黎庶昌《古逸丛书》中收录的日本留存的中国乐谱，以文字记写弹琴演奏指法的形式来记录音乐。音位谱如汉代"歌声曲折"，是这种记录民间歌谣的方式。

"百戏"是什么?

"百戏"是中国古代乐舞、杂技及各种民间武术等诸种表演艺术的总称。汉代又称角抵戏。南北朝又称散乐。

"百戏"可追溯至什么朝代?

"百戏"一词较早见于《后汉书·安帝纪》,其中记载道:"乙酉罢鱼龙曼延百戏。"相传,夏桀时已有倡优侏儒为奇伟之戏、烂漫之乐,史载周代有"扶卢"(攀缘矛柄)、"弄丸"(两手耍掷数弹丸)。从汉时起,经由丝绸之路流入中国的诸艺为百戏增添了世界性元素,如称为胡旋舞的西域快旋律舞蹈、天竺传来的幻术等。

"琢玉"是什么?

"琢玉"是对玉的加工制作,也称"剖玉"。古代琢玉均为手工操作,工具简陋,劳动强度高,难度大。明代宋应星《天工开物》中记载道:"凡玉初剖时,冶铁为圆盘,以盆水盛沙,足踏圆盘使转,添沙剖玉,逐忽划断。"

被誉为"中国17世纪的工艺百科全书"的著作是什么？

被誉为"中国17世纪的工艺百科全书"的著作是《天工开物》，著者为明朝的宋应星。全书分上、中、下三部，共计18卷，达6万余字，插图120余幅。

《天工开物》按"贵五谷贱金玉"的顺序编次，涉及农作物种植、蚕蜂饲养、矿石采集、榨油、制糖、制盐、制曲、造纸、冶炼、车船、兵器制造等众多农业与手工业技术；工艺美术内容包括纺织、染色、陶瓷、制墨、玉石及金属工艺等。

中国已知第一部系统的古代手工业技术著作是什么？

中国已知第一部系统的古代手工业技术著作是《考工记》，成书于战国时期的齐国。今存的《考工记》全文7100余字。书中先简述了百工定义及其制作特点，再以主要篇幅分述当时官府、民间手工业的重要工种。书中原本叙述的工种有30个，今存25个。

《梦溪笔谈》中记录了什么？

《梦溪笔谈》成书于北宋时期，作者为沈括，是一部涉及古代中国自然科学、工艺技术及社会历史现象的综合性笔记体著作，被誉为"中国科学史上的里程碑"。

被誉为"上古社会生活的百科全书"的著作是哪一本？

被誉为"上古社会生活的百科全书"的著作是《山海经》，它是先秦古籍。关于《山海经》作者的说法不一，《山海经》全书共18篇，现存3万余字，包括《五藏山经》《海外经》《海内经》《大荒经》。书中涉及地理、民族、物产、风俗、医药、祭祀、巫术等内容，对研究上古时期我国周围地区的情况有重要价值。

《水经注》的内容涉及什么方面？

《水经注》是中国古代的地理名著，作者为郦道元。内容以《水经》为纲，详细记载了1000多条大小河流及有关的历史遗迹、人物掌故、神话传说等，对研究中国古代的历史、地理有很高的参考价值。

都江堰的建造背景是什么？

秦惠文王更元九年（前316年），秦灭蜀国置蜀郡，治成都。蜀地成为秦统一六国的后

方。为根治岷江水患，以及支持秦兼并楚国的战争，将蜀郡粮食、兵员运至长江中游，秦昭王末年，蜀郡守李冰在成都平原一带组织修建了都江堰，把岷江分为内江和外江两支，既免除了水患，又便利了航运和灌溉，使成都平原成为"天府之国"。

桑基鱼塘是一种什么样的生态系统？

桑基鱼塘系统是种桑、养蚕、养鱼三者有机联系生产的耕作方法，它利用低洼地挖深养鱼，将挖出来的泥土堆积成为旱地，用以种桑树，家蚕吃桑之后的蚕沙作为鱼饲料。

草染是什么？

草染是古代用植物染料染色的一种方法，周以前已经开始有所应用，周王室曾设置专门管理印染的部门。古代常见的植物染料有蓝、茜、芷和栀等，大部分为人工种植。

提花机是什么？

提花机是一种纺织工具，具有能在织物上织出花纹的提花设备，通过挽花工和织工的配合，按照花本上的图案信息，手工控制经线的升降和纬线的穿梭，织出极为精细和复杂的花纹。

提花机可分为哪两类？

提花机可分为多综式提花机和束综提花机两类。前者用综线代替挑花杆，后者靠花本储存复杂的提花信息，再通过花楼提花和织造配合生产。

古代最早的指南工具叫作什么？

古代最早的指南工具叫作司南，诞生于公元前3世纪，利用天然磁石制成。

雕版印刷术是什么？

雕版印刷术是指将文字、图像反向雕刻于木板上，再于印版上刷墨、铺纸、施压，使印版上的图文转印于纸张的工艺技术。

活字印刷术的发明者是谁？

活字印刷术的发明者是宋代的毕昇。鉴于雕版印刷的艰难，为减少成本、提高排版效率，毕昇在总结前人经验基础上，发明了活字印刷术。

毕昇发明了什么样的活字?

毕昇发明的是泥活字,具体步骤是使用胶泥制成单个的字块,每个字块代表一个字,通过火烧使其变硬,从而形成活字。此举标志着活字印刷术的诞生。

木活字采用什么制成?

木活字是用于排版印刷的木质反文单字,以梨木、枣木或者杨柳木雕成。元代初期,农学家王祯于大德二年(1298年)创制木活字3万多个,并试印自己纂修的《大德旌德县志》成功,这是中国第一部木活字本方志。

制作毛笔的材料有哪些?

毛笔由笔头和笔杆组成。制作笔头的原料以羊毛、黄鼠狼尾毛、山兔毛、石獾毛、香狸毛为多,猪鬃、马尾、牛尾、鸡毛、鼠须等也广为使用。笔杆多用竹管,如青竹(烤红)、紫竹、斑竹(湘妃竹)、罗汉竹等,也有用红木、牛角、骨料、象牙、玉石做杆的,更显华贵。

毛笔写字用的墨是怎样制成的？

墨分松烟墨和油烟墨两种，松烟墨以松树烧取的烟灰制成，适宜写字。油烟墨多以动物油或植物油等燃烧取烟制成，多用于国画中。

墨汁为什么会发臭？

墨汁里除了水，主要有三类物质：炭黑、胶、香料。墨汁有臭味，是因为墨汁存放时间较长，有机物不停发酵，而同时墨汁中添加的香料相对较少，没有掩盖住有机物发酵产生的气味。

旧书为什么会有独特的"书香"？

是纸张中的化合物分解导致了"旧书气味"的产生。纸张包含纤维素、少量的木质素还有其他化学成分，随着时间变长，这些成分会发生氧化降解。

剪纸可追溯至什么时期？

汉代以前，纸张还未被发明，人们即运用金箔、皮革、绢帛、树叶等薄片材料，通过雕、镂、剔、刻、剪等技法制成各种装饰品，为剪纸的形成奠定了一定的基础。中国发现的最早的剪纸实物，是20世纪中叶在新疆吐鲁番火焰山附近南北朝墓葬中出土的五幅作品，迄今已有1500多年的历史。

唐卡是什么？

唐卡是一种绘制或刺绣在布、纸等材质上的，用彩缎织物装裱而成的卷轴画，是富有藏族文化特色的画种，唐卡的颜料基本采用金、银、珍珠、玛瑙、珊瑚、松石、孔雀石、朱砂等珍贵的矿物宝石和藏红花、大黄、蓝靛等植物颜料。

唐卡都涉及什么内容？

唐卡的表现内容丰富，主要包括佛经故事、历代名僧及仙女之类的人物形象，并辅以山水、花鸟、建筑等背景，另外还涉及历史、政治、藏医藏药、社会生活、民族风情等诸多领域，堪称"藏文化的百科全书"。

早期的年画叫作什么？

早期，年画的称谓各不相同，各历史时期和各地区对年画的称谓也有差别。北宋称其为"纸画"，明代宫中称其为"年贴"；天津称其为"卫画"，杭州称其为"欢乐图"，福建称其为"神符"等。

烙画是什么？

烙画又称烙花、烫画、火笔画等，是用高温烙具在冬青木等可炭化材料上进行勾勒烘烫，利用不同温度烫印出的茶褐色深浅烙痕，形成近似于中国画般的笔墨层次效果。

鎏金工艺拥有多久的历史？

鎏金工艺已有约2000年的历史。中国出土的鎏金器物基体多为青铜、铜、银，鎏金层又可分为通体鎏金和局部鎏金两部分。

最早的剪刀实物出自哪个时期？

古时称剪刀为"铰刀""交刀"，西汉时期剪刀的使用已较为广泛，最早的剪刀实物为西汉铁剪。清代，中国剪刀业得以较大发展，出现了浙江杭州的张小泉、北京的王麻子、山东的青州剪刀等众多历史悠久、富有特色的老字号地方名牌。

点翠是一种什么工艺？

点翠是中国传统的金属工艺和羽毛工艺的

完美结合，先用金或镏金的金属做成不同图案的底座，再把翠鸟背部亮丽的蓝色的羽毛仔细地胶贴在座上，以制成各种首饰器物。因翠鸟成为国家保护动物，点翠工艺逐渐采用代用品进行制作。

最早关于羌笛的文献记载是什么？

羌笛，也称为羌管。关于羌笛的最早文献记载，见于东汉著名学者马融的《长笛赋》，其中记载道："近世双笛从羌起，羌人伐竹未及已。龙鸣水中不见己，截竹吹之声相似。剡其上孔通洞之，裁以当簻便易持。易京君明识音律，故本四孔加以一。君明所加孔后出，是谓商声五音毕。"

埙的起源是什么？

埙是中国最古老的乐器之一，它的起源与先民的劳动生产活动有关。埙由一种可发出哨声的球形飞弹——石流星演变而来。石流星用来模仿鸟兽鸣叫，诱捕鸟兽，后随社会进步而演化为单纯的乐器——埙，埙逐渐增加音孔，发展成可以吹奏曲调的旋律乐器。

笙的历史距今有多久？

笙是中国古老的吹管乐器，早在公元前15世纪，殷代甲骨文中就有关于"和"的记载（古时大笙称"竽"，小笙称"和"）。由此可见，笙的历史距今已有3000多年。

笙的制作材料有何变化？

古代的笙斗用葫芦制作，吹嘴由木头制成，十几根长短不等的竹管呈马蹄形状，排列在笙斗上面。唐代以后，演奏家们把笙斗改为木制，后来经过流传，又用铜斗取代了木斗，同时簧片也从竹制改为铜制。明清时期，笙有方、圆、大、小各种不同的形制。

罗汉床有什么特别之处？

罗汉床除睡眠外，还兼有坐的功能。隋唐以前古人习惯席地而坐，虽宋以后逐渐演变为垂足坐，但盘腿打坐的习惯一直保留。罗汉床是为适应古人旧俗而保留的家具品种，自唐至五代《韩熙载夜宴图》以来，在绘画作品中频频可以见到古人以罗汉床为中心待客的场面。

古代唯一用官职命名的椅子是什么？

古代唯一用官职命名的椅子是太师椅，"太师"是官名，是尊贵和高雅的象征，因此坐在太师椅上的人也是受人敬仰、地位尊贵的。原为官家之椅，放在皇宫及衙门内代表着官品职位，到了清中期后出现于寻常家庭中，也显示出主人的地位。

写字或画画时，用来压住纸张的东西叫作什么？

写字绘画时用来压住纸张的东西叫作镇纸，已知最早记述镇纸的古代文献出自《南史·垣荣祖传》："帝（指南齐高帝萧道成）尝以书案下安鼻为楯，以铁为书镇如意。"萧道成在位时间为479—482年，可知镇纸至今已有1500余年的历史。

皮纸是一种什么纸？

皮纸指的是以木本植物的韧皮纤维为原料制成的纸张，简而言之就是以树皮造出的纸。皮纸在中国有非常悠久的历史，据《东观汉记》记载，东汉时蔡伦就以縠树（构树的古称）的"树肤"造纸，这里的"树肤"就是树皮。

古时的梳妆台叫什么？

古时的梳妆台叫镜台，是女子出嫁必备之物。宋代也叫作照台。明式镜台可分为折叠式、宝座式和五屏风式三种。

八仙桌的名字有什么说法？

八仙桌是四边长度相等桌面较宽的方桌，每边可坐二人，四边围坐八人，犹如八仙，故称八仙桌。它盛行于明清，甚至是很多家庭唯一的大型家具。

第八章

建筑奇观 交通出行

故宫里的"东六宫""西六宫"指的是哪些宫殿？

"东六宫"指景仁宫、承乾宫、钟粹宫、景阳宫、永和宫、延禧宫，"西六宫"指永寿宫、翊坤宫、储秀宫、咸福宫、长春宫、启祥宫。

建造故宫花费了多长的时间？

故宫是我国现存规模最大、保存最完好的古建筑群，是明、清两个朝代的皇宫。明永乐四年（1406年）始建，明永乐十八年（1420年）竣工。

故宫为什么又被叫作紫禁城？

紫禁城蕴含着深厚的文化意义和历史背景，"紫"在古代中国文化中代表着尊贵、权威和神秘，与天帝居住的紫微垣相联系，象征着皇帝至高无上和神圣不可侵犯的地位。"禁"强调了皇宫的威严与神秘，表明这是一个守卫严密、闲人免进的地方，彰显了皇权的至高无上。

故宫三大殿指的是什么，它们都是做什么用的？

故宫三大殿指的是太和殿、中和殿、保和殿。太和殿为皇帝举行盛大典礼的地方，又名金銮殿；中和殿为皇帝举行各种大典前的准备和休息之所；保和殿为皇帝举行殿试和宴会的大殿。

"亭"的历史有多悠久？

相传，夏代就有启筮亭，春秋战国时期，在诸侯国家往来的道路上，有不少"亭"的建筑以供往来者休息，"亭"还有提供住宿的功能，称作驿亭。

在建造"亭"的时候有什么讲究吗？

"亭"的形式多种多样，并无固定的样式。

《园冶》中有关"亭"的内容记载道："造式无定，自三角、四角、五角、梅花、六角、横圭、八角至十角，随意合宜则制，惟地图可略式也。""横圭"指的是上圆下方的形式；"惟地图可略式也"是说只要有平面图大概就可以构造了。

除了这些形式外，"亭"还有圆形、半圆形、扇形、荷叶形、多面形、十字形、新月形等。另外还有两个或三个的连体组合和多亭的组合。

中国四大名亭分别指什么？

中国四大名亭指位于安徽省滁州市的醉翁亭，位于湖南省长沙市的爱晚亭，位于浙江省杭州市的湖心亭和位于北京市的陶然亭。

中国四大名园分别指什么？

中国四大名园指的是位于江苏省苏州市的拙政园、留园，位于河北省承德市的避暑山庄和位于北京市的颐和园。

江南三大名楼指的是？

江南三大名楼指的是：江西南昌的滕王阁，

湖北武汉的黄鹤楼，湖南岳阳的岳阳楼。

中国四大书院分别指什么？

中国四大书院指的是位于河南省商丘市的应天书院，位于湖南省长沙市的岳麓书院，位于江西省九江市的白鹿洞书院和位于河南省郑州市的嵩阳书院。

被誉为"天下第一亭"的是哪座亭？

被誉为"天下第一亭"的是醉翁亭，位于安徽省滁州市。醉翁亭始建于北宋庆历七年（1047年），因唐宋八大家之一欧阳修的《醉翁亭记》而得名。

古书院正式形成于什么时期？

古书院最初起源于春秋战国时期的私人讲学，正式形成于隋唐五代时期。隋代，书院的教育制度确立，古书院得以生成并发展。古书院在选址上延续了魏晋隐逸之风，多选择在山林闲旷之地，精心布置一两处草庐，作为修习儒学、讲业授徒之地。五代十国，具有教育教学功能的古书院数量上升，这标志着具有教育教学功能的古书院将取代读书治学的书斋。

中国古代四大名桥指的分别是什么?

中国古代四大名桥指的分别是位于福建省泉州市的洛阳桥,位于河北省石家庄市的赵州桥,位于广东省潮州市的广济桥和位于北京市的卢沟桥。

中国古代园林都有什么类型?

中国古代园林有皇家园林、私家园林、寺观园林、陵寝园林、书院园林、衙署园林等类型,其中,皇家园林与私家园林的特色尤为突出。

"榭"是什么?

"榭"是中国古代建于水边的观景建筑,战国时建于高台之上的敞屋原被称为"榭",有军事建筑的意义,也有观赏的作用。秦汉时期的文献中多有"高台榭、美宫室""层台累榭"的记载。汉以后,随着高台建筑的消失,建于高台的榭就移到了花间水际,成为园林中供人休息的游观建筑了。

北京有多少座城门?

北京的城门一般指内城九门——正阳门(前

门)、崇文门、宣武门、朝阳门、阜成门、东直门、西直门、安定门、德胜门;外城七门——永定门、左安门、右安门、广渠门、广安门、东便门、西便门;皇城四门——天安门、地安门、东安门、西安门。

为什么说北京四合院的布局与伦理秩序相关?

北京四合院在空间布局上中轴对称、分区明确、内外有别。内院为户主和家人作息的主要场所,私密性强;前、后院为用人居住和劳作的场所。内院正房为长辈居住,厢房为晚辈居住,倒座房为客房和用人房。厨房在后院的后罩房,厕所在前院西南角,贮藏间则分散于各院裙房。

"胡同"一词源于蒙古语吗?

"胡同"一词作为对空间和城镇巷道的描述源自蒙古语,文字记载见于元曲和对元大都建设的描述。元末熊梦祥《析津志》中写道:"京师二十九衖通,衖通字本方言。""衖"字可理解为蒙古族人对元大都内小巷的称呼。

北京城内有多少条胡同，最早的胡同坐落在哪里？

如今，北京城内的胡同已多达4000余条。北京城历史上最早的胡同，是朝阳门内大街和东四之间的一片胡同，规划相当整齐，胡同与胡同之间的距离大致相同。

舍馆是什么？

舍馆给宾客提供食宿的寓所，一般设于城乡交通要道。先秦时，我国已出现了官办的"诸侯馆""传舍"一类的舍馆建筑，专门用于接待来往官员。随着时间的推移，民间旅馆业也开始兴起，并渐发展成为中国古代专业性商业的一种表现形态。

衙署是一种什么场所，历朝历代的叫法一样吗？

"衙署"是古代官吏办理公务的处所，《周礼》称官府，汉代称官寺，唐代以后称衙署、公署、公廨、衙门。

最早的影壁是哪个时期的？

影壁是建在院落的大门内或大门外，与大门相对作屏障用的墙壁。影壁古称门屏，最早的实物见于陕西省岐山县凤雏村西周遗址。据先秦史料记载，当时天子的门屏建在门外，诸侯的建在门内。

古代重要的国家文件、财物等都贮藏在哪里？

古代重要的国家文件、财物等要贮藏在府库中。古代称国家贮文书档案的建筑为"府"，贮金帛财货、武器的建筑为"库"。

古代有专门的建筑去存放粮食吗？

中国古代称储谷的建筑为"仓"，储米的建筑为"廪"，以"仓廪"作为储粮处所的通称。

垂花门是什么？

垂花门是常见于传统住宅、府邸、园林、寺观以及官殿建筑群中的一种屏门。在府邸、宅院建筑群中，垂花门常作为二门，开在建筑群的内墙垣上。垂花门的形式多样，最常见的有一殿一卷式和单卷棚式两种。一殿一卷式是指由一个尖顶屋面和一个卷棚屋面相组合而成，屋顶起伏有致，富有韵律感。单卷棚式是屋面仅采用一个卷棚形式，不失高雅，应用也比较广泛。

抄手游廊是什么？

抄手游廊是四合院的北房及东、西厢房与垂花门之间相连接的一种游廊式建筑，将内宅串联成一个整体。抄手游廊既可供人行走、躲风、避雨，又可供人休憩小坐，还可让人们通过游廊遥望廊外的花草树木，营造出一种宁静舒适的氛围。

绰幕是什么？

绰幕是宋式建筑中的构件名称，是木结构建筑中用于梁或阑额与柱子交接处承托梁枋的构件，是雀替的早期形式。

绰幕有什么样的作用？

绰幕主要的作用有缩短梁枋之间的净跨度，增强梁枋的承载力，防止横竖构件的角度因受力产生倾斜等。北魏时期的石窟中发现了最早具有绰幕功能的构件，宋、元时期楷头绰幕和蝉肚绰幕盛行，《营造法式》中记载道："檐额下绰幕方，广减檐额三分之一，出柱长至补间。"

土楼有什么样的特点？

土楼是闽西、闽南人聚居的住宅，为环形

或方形的楼房，最高可以达到6层。大环形土楼占地直径最大可达70米，可同时居住50多户人家。庭院中有厅堂、仓库、畜舍、水井等公用房屋。土楼的底层和二层多用作仓库，三层以上朝外开小窗，多用作居室。

吊脚楼有什么样的特点？

吊脚楼是苗族、布依族、壮族、侗族、水族、土家族等民族中部分人群搭建的传统民居。吊脚楼又称吊楼，是干栏式建筑的一种，多依山靠河就势而建。吊脚楼最基本的特点是正屋建在实地上，厢房一边靠实地和正房相连，其余三边皆悬空，靠柱子支撑。

中国历史上规模最大的陵墓是什么？

中国历史上规模最大的陵墓是秦始皇陵，位于今陕西省西安市临潼区东约5千米、骊山北约1千米的下河村附近，建成于公元前208年。《史记·秦始皇本纪》载："始皇初即位，穿治郦山，及并天下，天下徒送诣七十余万人，穿三泉，下铜而致椁，宫观百官奇器珍怪徙臧满之。"

台榭有什么样的作用？

春秋至汉代，台榭是宫室、宗庙中常用的建筑形式。简单的台榭只是在夯土台上建造的有柱无壁、规模不大的敞厅，供眺望、宴饮、行射之用，台榭还同时具有防潮和防御的功能。

最早的阙建于什么时候？

阙是中国古代用于标志建筑群入口的建筑物，常建于城池、宫殿、宅第、祠庙和陵墓前。《诗经·郑风》中写道："挑兮达兮，在城阙兮。"可以看出周代已有阙。春秋时，宫殿的正门建阙。汉代的宫殿、陵墓均建阙。现存最早的阙建于汉代，东汉的庙阙、墓阙尚存28处，分布于四川、河南、山东、北京等地。

在古代，"阁"一般有什么样的作用？

"阁"一般为平面方形的两层建筑，下层为高悬的支柱层，上层带有平座，室内围以槅扇。"阁"多建于风景名胜处，供游客休息、登临远眺，如南昌滕王阁、北京颐和园佛香阁。此外，"阁"还用于供佛、藏书和藏经，如独乐寺观音阁、宁波天一阁等。

中国早期大规模建城池的时期是什么时候？

城池在古代指城墙和护城河，是围绕城邑建造的一整套防御构筑物。中国早期大规模建城池的时期是春秋战国时期。春秋时期的曲阜鲁城、洛阳东周王城、秦雍城等的城墙厚度为10米左右；战国时期的齐临淄、燕下都、楚纪南城的城墙加厚到20米，夯层密实，有瓦质排水道。这个时期的文献《墨子》中还记述了城门、雉堞、城楼、角楼、敌楼的设置原则和建造方法。

会馆兴起于哪个朝代？

会馆是同乡或同行商人联谊的地方，拥有会场、剧场、宴会厅，并具有办公和居住等功能。会馆兴起于明代前期，兴盛时期在清乾隆时代。一是因为资本主义经济萌芽，各行各业需要互相交流、集聚；二是因为科举制度形成的官僚体制，同乡会的成立需要会馆作为其基地。

城市中的钟鼓楼在过去是做什么用的？

城市中的钟鼓楼在古代有着报时的功能。早期城市并无专用报时的建筑，古代里坊制城市实行宵禁，以早晚击鼓作为启闭坊门的信号。元大都、明南京城和明清北京城都在城内建造高大的钟楼和鼓楼，作为全城报时中心。各地方城市也出现独立于街头的钟楼和鼓楼，周围逐渐形成繁华的商业区。元代以后，钟鼓楼成为城市的一种公共建筑，对街景和城市立体轮廓起到了重要的作用。

戏楼每一层的叫法有何不同？

以三层大戏楼为例，台面由上至下分别称为福台、禄台、寿台。寿台是主要的表演区域，禄台、福台表演面积依次减少。如果三层同时演出，将会拥有丰富多彩的舞台效果。

清朝的北京城有多少个"坛"？

"坛"是中国古代主要用于祭祀天、地、社稷等活动的台式建筑。清朝分布于北京城内外的坛有圜丘坛（天坛）、方泽坛（地坛）、朝日坛（日坛）、夕月坛（月坛）、祈谷坛（天坛祈年殿）、社稷坛、先农坛、天神坛、地祇坛、太岁坛、先蚕坛等。其中天坛、地坛、日坛、月坛分别位于都城的南、北、东、西四郊。

"坛"的建筑形式与阴阳五行学说有关吗？

"坛"的建筑形式多以阴阳五行等学说为依据。例如天坛、地坛的主体建筑分别采用圆形和方形，来源于天圆地方之说。以天坛为例，现存天坛所用石料的件数和尺寸都采用的是奇数，源于古人以天为阳性、以奇数代表阳性的说法。

现存祈年殿的前身，是明永乐十八年（1420年）建造的天地合祭的大祀殿。嘉靖十九年（1540年）在大祀殿原址建成行祈谷礼的大享殿（现在的祈年殿），有三重檐分别覆以3种颜色的琉璃瓦：上檐青色象征青天，中檐黄色象征土地，下檐绿色象征万物。至清乾隆十六年（1751年）改为三层均蓝色，以合专以祭天之意。

秦朝有什么庞大的建筑工程?

秦朝建筑工程的规模前所未有,曾用数十万人,修筑驰道、长城、阿房宫、秦始皇陵。秦始皇扩建咸阳宫殿,集中仿建六国宫室,使战国时各国建筑艺术和技术得以交流,为形成统一的中国建筑风格开创先声。

阿房宫究竟有多大?

据考古资料统计,阿房宫前殿尚有夯土台基遗存,其东西1270米、南北426米。北魏郦道元《水经注·渭水三》:《关中记》曰:"阿房殿在长安西南二十里,殿东西千步,南北三百步,庭中受万人。"

汉长安城最早兴建的大型宫城是什么?

汉长安城最早兴建的大型宫城是长乐宫,又称东宫。长乐宫位于汉长安城遗址东南部,汉高祖时用作皇宫,此后一直为皇太后居住。王莽篡汉后改长乐宫为常乐室。王莽败后,更始帝入居长乐宫。后赤眉军纵火烧长安,长乐宫随之化为灰烬。

现存最大的古代皇家园林是什么?

现存最大的古代皇家园林是承德避暑山庄,

又被称作热河行宫、承德离宫。承德避暑山庄始建于清康熙四十二年（1703年），建成于乾隆五十五年（1790年）。清廷历代皇帝每逢夏季均到山庄避暑和处理政务，使承德避暑山庄成为清王朝在北京以外的第二政治中心。

恭王府原先是谁的宅邸？

恭王府原为清乾隆时大学士和珅的宅第。嘉庆四年（1799年），和珅获罪，宅第入官，嘉庆帝将宅第的一半留给和珅之子额驸丰绅殷德和固伦和孝公主使用，一半赐给自己的弟弟庆郡王永璘。嘉庆二十五年（1820年），永璘获庆信亲王封号，府第时称庆王府。道光三年（1823年），和孝公主去世，整座府邸全归庆王府。后因永璘子嗣身份品级不够，咸丰二年（1852年），由咸丰帝按照清代王府第宅制度规定，将庆王府转赐其弟恭亲王奕訢，始称恭亲王府。同治时期曾经整修，并在府后添建花园。

中国古代建筑有什么样的原则？

清道光二十年（1840年）以前，中国的建筑原则为"正德、利用、厚生"，这也是中国古代的"为政三原则"。"正德"代表的是社会道义与等级秩序层面的制约，即在房屋营造上，统治者不能为所欲为，社会各阶层也要恪守其序而不逾越。"利用"代表的是建筑的本质，房屋是为"用"而建的。"厚生"代表中国建筑的终极目标，即房屋营造主要是为了人的生存与繁衍。

传统建筑里的"月台"用处是什么？

传统建筑里的"月台"指的是台基以外露天构筑的平台。月台一般供礼仪或室外活动用，如正房、正殿外突出连着前阶的平台。《营造法原》中记载道："月台，楼上作平台，露天者。"旧时火车站上下乘客和货物的平台也称月台，但与中国传统建筑中的月台概念不同，传统建筑中的月台指的是台基以外露天构筑的平台。

藻井的来源是什么？

藻井是中国古代建筑室内顶棚向上隆起如

井状、四壁饰有花纹的部分。藻井源于古代穴居顶上的通风采光口——中溜。《西京赋》中记载道："藻井当栋中，交木如井，画以藻文。"

清代建筑中最华贵的藻井是什么？

清代建筑中最华贵的藻井是北京故宫太和殿的藻井，其位于大殿的正中央，共分上、中、下三层，上为圆井，下为方井，中为八角井。藻井内雕有一条俯首下视的金龙，口衔轩辕镜，雕刻精细，与大殿内巨柱上的金色蟠龙互相映衬，更加烘托出了帝王宫阙的庄严和华贵。

清式建筑对脊兽的排列有何规定？

脊兽是传统建筑屋面的一种装饰构件，按类别分为走兽、垂兽、仙人和鸱吻。清式建筑规定，走兽及仙人的使用，走兽须为单数，由仙人后数起依次是：龙、凤、狮子、天马、海马、狻猊、押鱼、獬豸、斗牛、行什等。走兽多少按垂兽前仙人后的分位定，由龙、凤等用起，最多为9个，故宫太和殿是特例，有11个走兽。

徽州三雕具体指的是哪三种工艺？

徽州三雕是具有浓厚徽州地方文化特色的木雕、砖雕和石雕三种工艺的统称。徽州三雕均为古代徽州地区明清建筑的装饰性雕刻。一般多在房子的月梁、额枋、斗拱、雀替等部位以木雕进行装饰，房内陈设的家具上面也有精美的木雕。砖雕主要装饰于民居的门楼、门罩等部位。石雕则主要用于祠堂的石栏板，民居门墙的础石、漏窗及石牌坊。

古代的弄堂叫什么？

一般来说，弄堂指的是上海市和江浙地区特有的建筑形式。弄堂最早写作"弄唐"。明代祝允明所著的《前闻记》中记载道："今人呼屋下小巷为弄。""小巷称作弄唐，唐就是路。"古时凡屋边的陪弄或街路的支巷都称为弄唐。

及至近代，另一个建筑学上的汉字"堂"逐渐取代了"唐"字。"堂"与"唐"音同。

现代意义上的弄堂可追溯到什么时候？

现代意义上的弄堂最早可追溯至19世纪40年代。1845年起，大量难民涌入租界，租界内住房问题日趋严重，"华洋分居"的局面被打破，刺激了租界内房地产经营活动。一开始建造的专向租界内华人出租的房屋都是木板结构，一般采用联排式的总体布局，起名为某某"里"，这就是上海弄堂的雏形。

窑洞主要分布在哪里？

窑洞是黄土高原地带特有的一种民居形态，是当地居民利用高原黄土不易倒塌的特性而挖掘的拱形穴居式住宅建筑。我国现有的窑洞式民居主要分布在山西、陕西、河南、河北、内蒙古、甘肃以及宁夏等省（区）的部分地区。

窑洞最早出现在什么时候？

窑洞最早出现于约公元前3000年的仰韶文化末期，流行于龙山时代。已知最早的窑洞式建筑是宁夏回族自治区海原县西安乡的菜园村遗址，处于新石器时代晚期。到龙山时代，窑洞式民居平面布局多呈"凸"字形。

牌坊是什么?

牌坊是为表彰功勋、科第、德政以及忠孝节义所立的具有民族特色的门洞式纪念性建筑物，也称牌楼。

牌坊有着怎样的历史变迁?

牌坊的雏形是一种由两根柱子架一根横梁构成的门，叫作"衡门"。相关记载最早可见《诗·陈风·衡门》："衡门之下，可以栖迟。"汉代，改称为灵星门，用于祭天、祀孔。棂星原作灵星，也就是天田星，为祈求丰年，汉高祖规定祭天先祭灵星。宋朝则用祭天的礼仪来尊崇孔子，后来又改灵星为棂星。

牌坊成熟于唐宋时期，造极于明清，逐渐从实用型建筑演化为一种具有纪念意义的建筑物，广泛用于旌表功德、标榜荣耀。因此牌坊不仅修建于郊坛、孔庙等地，还用于宫殿、庙宇、陵墓、祠堂、衙署以及主要街道的起点、交叉口、桥梁等处。

被誉为"牌坊之乡"的地方是哪里?

被誉为"牌坊之乡"的地方是徽州。在徽州，牌坊与民居、祠堂并列，被誉为古建"三绝"，且大多为明清两代所建。徽州牌坊雕刻刀法娴熟，牌坊上的题字也多出自名家，因而具有很高的艺术和文化价值。每个牌坊背后都有一段故事，表彰具体的人或人群。比如"贞孝节烈总坊"就是集中表彰节孝、节烈、孝贞和贞烈等四类女性群体的总牌坊。其中时间较早的为元代的贞白里坊和明代的许国石坊。

最早的"寨"是做什么用的?

"寨"是一种四周有栅栏或围墙的聚落或营垒，尤指借助于山水的屏障而建在山区并有明显防卫性质的建筑。最早的寨一般与军事有关，据文献记载，三国两晋南北朝时期，寨的基本特点是据山（岗）立寨、据岸结寨，且具有一定的临时性。《三国志》中有一处关于寨的记载："魏庐江太守文钦营住六安，多设屯砦（寨），置诸道要，以招诱亡叛。"

古时候的"圩"有什么用处?

"圩"最早记载于南朝宋人沈怀远的《南越志》:"越之野市为圩,多在村场,先期召集各商或歌舞以来之。""圩"最初的形态主要以乡野之间的野市为主,具有一定的商贸作用,同时还兼有歌舞表演等庆祝仪式的功能。随着时代发展,有了相对固定聚集的日期,日期相互错开以便赶"圩"购物、出售产品等。

唐宋时期,"圩"逐渐进入一个较为成熟的发展时期。居民把自产粮食、布匹、牲畜等带到"圩"出售,换回食盐等物,自然经济和自产自销的圩市逐步发展为早期商业的雏形。

"堂"与"室"的区别在哪里?

"前堂后室"是传统住宅、殿堂等建筑的主要布局方式,将房屋开间的前半间虚敞布置称为"堂",用来接待宾客或办公;将后半间封闭的屋子称为"室",作为起居之所。《说文解字·系传》中记载道:"古者为堂,自半以前,虚之谓之'堂',半以后实之为

'室'。"此种布局产生于原始社会，半坡仰韶文化的大房子中已有前堂后室的雏形。

石狮一般放在哪些建筑物两旁？

石狮常被布置在陵墓及宫殿、园林、寺庙、王府建筑大门两旁。以石狮装饰建筑，象征守卫。唐以前的狮子体形高大，手法夸张，体态威猛，令人望而生畏。宋以后的石狮写实性强，整体形态趋于温和。

远古时期的华表是做什么用的？

华表也被称作"桓表""谤木""表木"。相传在远古时期，尧和舜为让百姓表达自己的意见，曾经在宫外悬"谏鼓"，于大道或路口上设立"谤木"。前者是让臣民击鼓进谏，后者则是让臣民在竖直木柱上书写意见。

离宫是什么？

离宫是皇帝正宫以外的临时居住的宫室。相传殷末帝王离宫别馆甚多，秦始皇灭六国后将六国宫室仿建于咸阳，关中300余里离宫别馆相望。《汉书·枚乘传》就有"修治上林，杂以离宫"的记载。清代帝王亦有圆明园、颐和园、热河行宫等。

佛塔是什么时候传入中国的？

佛塔简称"塔"，起源于印度，古印度文称作"窣堵波"，是保存佛教创始人释迦牟尼的舍利的建筑物，约于公元1世纪随着佛教传入我国，又称浮图。

世界现存最古老的木塔是什么？

世界现存最古老的木塔是应县木塔，位于山西省。应县木塔建于辽清宁二年（1056年），增修于金，重修于元。应县木塔平面是八角形，共六檐五层，夹有4个暗层，实为9层。佛塔通高67.31米，底部直径30.27米，建造精致。

西安大雁塔的名字有什么来历？

大雁塔位于陕西省西安市雁塔区的大慈恩寺内，始建于公元7世纪。相传，在建塔时有大雁经过，坠而葬在塔中；另一种说法是塔在刚建成时，忽有大雁落于塔上，后又飞去，因而以名。由于原来的寺庙建筑早已不存在，而塔却巍然屹立，"大雁塔"也就代替了原来的慈恩寺塔名。

中国古代规模最大的防御工程是什么？

中国古代规模最大的防御工程是长城。据文献记载，春秋时楚国最早筑长城，称方城。战国时，齐、魏、燕、赵、秦等国也相继兴筑长城。秦始皇以过去秦、赵、燕三国的北方长城作为基础，修缮增筑，形成西起临洮，东至辽东的万里长城。

秦以后直到明末，长城经过多次的修缮和增筑，明代修筑工程最大。明长城东起鸭绿江，西达嘉峪关，全长约8851.8千米。现在保存下来的长城，大部分是明朝遗物。

长城由什么构成？

长城由敌台、关隘、烽火台（曾称烽燧、亭候、烽候、烟墩等）、城墙等建筑物组成。

"城"和"郭"的区别是什么？

"城"本义指的是内城的墙，"郭"指外城的墙。"城郭"泛指城邑，是古代城市的核心部分，往往是一个地区或区域的政治、经济、文化中心，居住着大量的人口。

有关中国建筑最早的文献资料是什么？

春秋战国时期的《考工记·匠人》中记载的建筑礼仪制度和关于城市、道路、沟洫、城垣的规定，是有关中国建筑的最早文献资料。

原始建筑有哪三种主要形式？

中国原始社会的建筑主要有巢居、穴居与庐居三种形式。巢居主要被认为是地势低洼潮湿而多虫蛇的地区采用过的一种原始居住方式；穴居主要应用于地势高的地区；庐居主要被应用于游牧民族。

"三山五园"指的是什么？

"三山五园"是清代时北京西北郊皇家园林的统称。一般意义上，"三山"指万寿山、玉泉山和香山，"五园"指静明园、畅春园、圆明园、静宜园和清漪园（颐和园）。

中国最早的园林是什么？

中国最早的园林是鹿台，建于公元前11世纪的商纣王时代。纣王建鹿台，一是积藏财富；二是为取好王妃妲己，供其游猎、赏心。据东汉刘向《新序·刺奢》记载，建鹿台"七年而成，其大三里，高千尺，临望云雨"。

中国古代三大工程分别是什么？

中国古代三大工程指的分别是坎儿井、万里长城和京杭大运河。

马车是什么时候发明的？

据《吕氏春秋·乐成篇》记载，商汤王第十一代祖先相士发明了马车。这说明马车的发明使用不迟于夏代，盛行于商、周。唐代国力殷富，盛产马匹，因此马车使用较为普遍。马车不仅用于载人、载物，还可用于作战，是我国古代一种用途广泛的运输工具。

牛车的使用可以追溯到什么时候？

牛车的使用可追溯到商代，当时牛被驯化为驾车牲畜。《诗经·小雅·黍苗》中记载道："我任我辇，我车我牛。"汉初，由于马在战争中大量伤亡，能乘用马车者极少，一般交通往来只用牛车。东汉末年，牛车受到达官显贵的青睐，是官宦名士的必备交通工具。牛车的普及是汉、魏、晋、南北朝时期陆路运输发展的重要特征之一。唐初行旅以牛车代步，宋代还有装饰华丽的牛车载客往来。

步辇是什么?

步辇是古代一种用人抬的代步工具，"辇"本为军中运器物所用，后演变为载人的步辇。《资治通鉴》中记载道："玄宗去东都，有司辇载供具之物，数百里不绝。"

肩舆的使用可追溯至什么时期?

肩舆的使用可追溯至隋朝。《隋书·仪礼志》中记载道："今辇制象轺车，而不施轮，通幰朱络，饰以金玉，用人荷之。"又说："今舆制如辇而但小耳。"初期的肩舆为二长竿，中置椅子以坐人，其上无覆盖，后来，椅子上下及四周增加覆盖遮蔽物，其状有如车厢，并加种种装饰，乘坐舒适。肩舆初在宫中使用，后逐渐普及民间。

历史上的驿道可追溯到什么时候？

驿道始于汉，兴于唐，元明最盛，至清而弛。首先被划定为驿路的，是汉武帝时自长安至成都一线上的褒斜、金牛、剑阁三道。汉时驿道上的运输工具主要是车马。唐代驿制逐渐完备，驿道可以私运，还允许私人在驿道沿线开设旅舍。宋代驿道沿用唐代路线，只是以汴京（开封）为起点向四周辐射，驿程有所延长。

秦朝颁布的"车同轨"法令有什么作用？

"车同轨"即全国车辙阔狭相同。秦朝制定"车同轨"法令，能够使全国各地的道路在几年之内压成宽度一样的硬地车道，不仅能够减少商品和旅客运输过程的成本，而且有利于帝国军队带着物资快速到达全国任何郡县。

秦汉时期专供皇帝出行的道路叫什么？

秦汉时期专供皇帝出行时行驰马车的道路叫驰道，也称御道，秦时修建而成。《汉书·贾山传》中记载道："为驰道于天下，东穷燕齐，南极吴楚，江湖之上，濒海之观毕至。道广五十步，三丈而树，厚筑其外，隐以金椎，树以青松。"西汉时仍被袭用，专为帝王出巡或重要军事行动时所用的道路，他人不能侵犯。

五里亭是什么？

五里亭是古时建于道路、桥头、山岭、渡口旁，为行人提供施茶、避雨、避暑等服务的建筑，也被称为茶亭、路亭、风雨亭等。它是"五里一亭，十里一铺，三十里一驿"的古代陆路交通体系的组成部分。五里亭形制多样，有桥亭式、八角攒尖式、牌坊式、拱洞式、民居式等，广泛分布于广东、湖南、福建、江西、浙江、安徽、河南等地。

丝绸之路带来了什么交换？

丝绸之路的开辟打破了中西隔绝的状态，在世界历史的长河中出现了中西经济文化交流的新局面。随着丝绸的西传，中国的养蚕术以及桑树、杏树、桃树等植物品种传至西域，铁与冶铁术、纸与造纸术以及汉代诸文明也都先后向西方流传。与此同时，西方的玻璃、宝石，西域的苜蓿、葡萄、石榴、胡麻、胡蒜（大蒜）、胡豆（蚕豆）、胡萝卜、红蓝花、胡麻、胡桃（核桃）、胡荽（香菜）、胡瓜（黄瓜）等植物和名马、骆驼、狮子、大雀（鸵鸟）等动物，以及音乐、舞蹈、魔术、杂技等也陆续传入中原，为内地的社会生活增添了许多新内容。

"大运河"一词出自何处？

"大运河"一词首次出现在南宋吴自牧的《梦粱录》一书中，其描述杭州城外水道下塘时写道："分为两派：一由东北上塘过东仓新桥，入大运河。"

中国古代都有哪些著名的运河，它们都是如何命名的？

我国历史上各阶段的大运河有的是以朝代的名称命名的，如秦汉大运河、隋唐大运河、明清大运河等，每个朝代的大运河都是由不同的区段组成，每个区段也有不同的泛指名称。

不同地域的大运河以省市或地区的名称命

名，如江南大运河、苏北大运河、京杭大运河、山东大运河、浙江大运河、北京大运河、扬州大运河等。

世界上里程最长的古代运河是什么？

世界上里程最长的古代运河是京杭大运河。京杭大运河南起余杭（今杭州），北到涿郡（今北京），途经今浙江、江苏、山东、河北四省及天津、北京两市，贯通海河、黄河、淮河、长江、钱塘江五大水系，全长约1794千米。

赵州桥是什么时候建造的？

赵州桥位于河北省石家庄市赵县，跨越洨水，始建于隋朝，由匠人李春所建，是世界现存最早、跨度最大的空腹式单孔圆弧石拱桥。

中国的第一条营业铁路是什么？

中国的第一条营业铁路是吴淞铁路，起自上海，经江湾至吴淞，长约14.5千米。

市舶是什么？

市舶是中国古时对中外互市船舶的通称。其

含义在各时代并不一致，唐宋元时对中外互市商船统称市舶。明初只许外国使节所乘船舶（当时名"贡船"）驶来中国并准附带商货，商船（当时名"商舶"）则禁止进口，本国商船不许出海。市舶专指贡船。正德、嘉靖年间，多国商船先后来华，外国商船又渐称市舶。到清代，市舶则专指外国商船。

第九章

军事战争 著名兵器

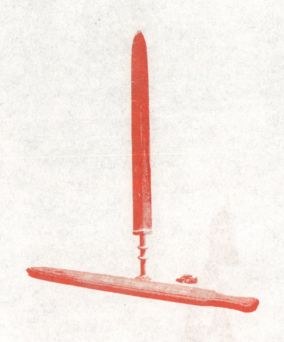

中国历史上最早的战争是什么?

中国历史上最早的战争是阪泉之战，发生在公元前26世纪左右，是黄帝统一华夏的过程中，与炎帝两部落联盟在阪泉进行的一次战争。

长平之战发生在什么时候?

长平之战发生在秦昭襄王四十五年（前262年），长平之战持续三年之久，赵军最终战败，秦国获胜进占长平，此战共斩首坑杀赵军约45万。

赤壁之战发生在什么时候？

赤壁之战发生在建安十三年（208年）。孙权、刘备联军在赤壁（具体地点说法不一，一说在今湖北武汉西南赤矶山，一说在今湖北省赤壁市西北）一带大破曹操大军。这是中国历史上著名的以少胜多、以弱胜强的战役之一，是三国时期"三大战役"中最为著名的一场，也是继阖闾间破楚之后的又一次在长江流域进行的大规模江河作战。

中国历史上第一位有明确记载的女将军是谁？

中国历史上第一位有明确记载的女将军是商王武丁的妻子妇好。在武丁对周边方国、部族的一系列战争中，妇好多次受命代商王征集兵员，征战沙场。妇好曾数次率军攻打鬼方、羌方、土方，且取得了胜利。

"云台二十八将"都有谁？

"云台二十八将"指的是在汉光武帝刘秀麾下助其一统天下、重兴汉室江山、建立东汉政权过程中功劳最大、能力最强的28员大将。分别是：邓禹、吴汉、贾复、寇恂、冯异、祭遵、盖延、耿纯、马成、陈俊、傅俊、王霸、李忠、邳彤、臧宫、耿弇、岑彭、朱祐、景丹、铫期、马武、王梁、杜茂、坚镡、任光、万脩、刘植、刘隆。

"十八般武艺"具体指的是什么？

"十八般武艺"具体指的是：一弓、二弩、三枪、四刀、五剑、六矛、七盾、八斧、九钺、十戟、十一鞭、十二锏、十三挝、十四殳、十五叉、十六杷头、十七绵绳套索、十八白打（徒手搏斗）。

战国时期的四大名将都有谁？

战国时期的四大名将指的是白起、王翦、廉颇和李牧，《千字文》中写道："起翦颇牧，用军最精。"用以形容这四位将领的功绩。

被誉为"东方兵家鼻祖"的人是谁？

被誉为"东方兵家鼻祖"的人是孙武，他是春秋时期的军事家，著有《孙子兵法》。孙武被尊称为"孙子"，也被称为"兵圣""兵家至圣"，除"东方兵家鼻祖"外，另有"百世兵家之师"之誉。

中国最早的兵书是哪一部？

中国最早的兵书是《孙子兵法》，全书共13篇，每篇皆以"孙子曰"开头，按专题论说。《孙子兵法》现已被翻译成多种语言，在世界军事史上有着重要的地位。

"三十六计"都有哪些？

"三十六计"包括：瞒天过海、围魏救赵、借刀杀人、以逸待劳、趁火打劫、声东击西、无中生有、暗度陈仓、隔岸观火、笑里藏刀、李代桃僵、顺手牵羊、打草惊蛇、借尸还魂、调虎离山、欲擒故纵、抛砖引玉、擒贼擒王、釜底抽薪、浑水摸鱼、金蝉脱壳、关门捉贼、远交近攻、假道伐虢、偷梁换柱、指桑骂槐、假痴不癫、上屋抽梯、树上开花、反客为主、美人计、空城计、反间计、苦肉计、连环计、走为上计。

《武经七书》中收录了哪七部书？

《武经七书》是中国古代兵家著作，收录了《孙子兵法》《吴子兵法》《六韬》《司马法》《三略》《尉缭子》《李卫公问对》七部书。《武经七书》作为兵家经典，被历代帝王重视，宋神宗年间被颁为武学教材。

古代都有哪些兵种？

古代的兵种有步兵、车兵、水兵、骑兵，其中，步兵是最早、最基础的兵种。两汉以后车兵消亡，主要是步、骑、水军三大兵种。

古代的"三军"指的是什么？

"三军"在古代是全体军队的代称，并且经常在各种正式场合使用。三军泛指打仗时的前、中、后三军。前军一般是先锋营，负责开路（架桥或是修路）、侦察、应付小规模的战斗，带部分军需物资；中军就是统帅所处的大军；后军包括后勤士兵、工匠以及大量的民工等。

"将军"和"元帅"有什么区别？

将军指的是高级军事将领的军衔，通常授予指挥和管理军队的将领。将军的职责侧重于指挥部队和制定战略。元帅通常是军队中的最高军衔，象征着极高的权威和地位。在大多数国家，元帅的职责包括指挥大规模军队、制定战争计划以及在重要战役中担任最高指挥官。

"娘子军"的出处是什么?

"娘子军"出自《旧唐书·平阳公主传》,其中记载道:"时公主引精兵万余与太宗军会于渭北,与绍各置幕府,俱围京城,营中号曰'娘子军'。"

"娘子军"有什么典故?

隋朝末年,朝廷昏庸腐败,农民起义风起云涌。驻守晋阳(今山西太原)的唐国公李渊乘机起兵,准备反隋。李渊的女儿平阳公主在鄠县招兵买马,又用各种办法使附近有名的强盗率部归降,帮她攻城略地。在公主的指挥下,这支队伍纪律严明,日益壮大,很快扩展到七万人,威震关中。平阳公主的军队当时被称为"娘子军",这支队伍为灭隋兴唐立下了很大功劳。

鸡毛信有什么特殊的含义?

鸡毛信指的是需要迅速传送的公文、信件,上面会插上鸡毛。

鸡毛信的来历 是什么?	鸡毛信源于"羽檄"。《汉书·高帝纪下》中记载道:"吾以羽檄征天下兵。"颜师古注:"檄者,以木简为书,长尺二寸,用征召也。其有急事,则加以鸟羽插之,示速疾也。"
投降举白旗的 来源是什么?	在中国,投降举白旗可以追溯到秦朝。当时秦人以黑色为"国色",秦末刘邦进取关中,直逼咸阳,秦王子婴投降时,便穿上"国色"的反色——白色的衣服,以示投降。
大动干戈中的 "干戈"指的 是什么?	"干"和"戈"是两种兵器。"干"是盾牌,"戈"是中国古代常见的一种兵器,这种兵器在木柄前端安装一个横置的刃,刃的形状像鸟喙,整体看起来像是长柄的镰刀,戈主要用来钩杀和啄杀敌人。
兵书《司马 法》中讲述 了什么?	《司马法》中大量记录了西周以及春秋前期的用兵法则,突出了那个以礼治军时代的特点,是研究上古军事史的重要材料,也

反映了战国时期的军事思想和作战方式。

"铁骑"指的是什么?

"铁骑"是古代军事中骑兵的一种,他们身穿铠甲,且铠甲几乎可以包裹全身,所骑马匹也被铁甲保护起来,因此也被称为"重骑兵"。

古代士兵作战用的战甲都有什么材料?

从出土的实物来看,古代战甲多以犀牛等的皮革制成,上施彩绘,皮甲由甲身、甲袖和甲裙组成。

"锁子甲"有什么作用?

"锁子甲"是古代战争中使用的一种金属铠甲,在中国古代又称"环锁铠"。一般由铁丝或铁环套扣缀合成衣状,每环与另四个环相套扣,形如网锁,对冷兵器有很强的防护能力。

马镫有什么作用?

马镫是一对挂在马鞍两边的脚踏,供骑马人在上马时和骑乘时用来踏脚。马镫的作用不仅是帮助人上马,更主要的是在骑行时支撑骑马者的双脚，以便最大限度地发挥骑马的优势，同时又能有效地保护骑马人的安全。

第一部完整刊载火药配方和制造工艺的书籍是什么？

第一部完整刊载火药配方和制造工艺的书籍是宋代的著作《武经总要》，书中记载了世界上第一批军用火器的制作，主要有火球类火器和火箭类火器。

军机处是什么时候设立的？

军机处成立于雍正七年（1729年），初名为"军机房"，后改名为"办理军机处"，乾隆以后省去"办理"二字，简称为"军机处"。

为什么管"参军"叫作"入伍"？

《周礼》中记载道："五人为伍，五伍为两，四两为卒，五卒为旅，五旅为师，五师为军。"从西周起，军队就是按伍、两、卒、旅、师、军编制的。历代军队编制虽然不断变化，但"伍"的叫法一直流传至今。近代的班、排、连代替了古老的伍、两、卒，但人们仍习惯把参军叫作"入伍"。

古代的"阵"指的是什么?

在古代,"阵"与"陈"是同一个字,本义是指步兵和战车在战场上的排列。本来"阵"只是车战时代的用语,后来词义引申为军队的战斗队形。中国古代的"阵"就是各个兵种、各种战斗队形的排列和组合。

先秦时期为什么要学习"御"?

"御"指的是驾车技艺。先秦时期,车战为中原一带战争的主要形式,驾驭战车成为重要的军事技能。在奴隶主贵族教育中,习"御"不可或缺。周代教育的主要内容为"六艺",即礼、乐、射、御、书、数。当时,习御必按"五御"(鸣和鸾、逐水曲、过君表、舞交衢、逐禽左)施教,既要学习五种复杂的驾车技艺,又要学习驾车中的各种规矩礼节。

古人有多重视弓箭的使用?

古代军队历来重视弓箭的使用,把"射"列为主要训练内容之一。秦汉时强调用强弓劲弩。汉代还专门设立掌管训练射箭的官吏,称为"射声校尉"。唐代开始设立武举制度，步射和骑射是武举考试的必考科目。元朝的骑兵和清朝的八旗兵都以善射而著称。明代以后主张用"软弓长箭"，能满弓持久瞄准，提高命中率。

中国最早的青铜剑是哪一把？

中国迄今所知最早的青铜剑是在内蒙古自治区伊金霍洛旗朱开沟遗址出土的"鄂尔多斯直柄匕首式青铜短剑"。此剑属于早商时期，全长25.4厘米，剑身近似柳叶形。

隋唐时期有什么样的兵役制度？

隋唐时期主要采用府兵制。府兵制以均田制为基础，采用兵农合一的方式，府兵平时耕种，农闲训练，战时从军，从军时除战马和重兵器由国家供给外，需自备弓矢衣粮等。唐代高宗后期开始，由于地主豪强大量兼并土地、均田制逐渐废弛等原因，府兵制难以维系，最终由唐玄宗废止。此后，唐代实行募兵制。五代十国时期，战乱频繁，各政权也主要采用募兵制。

兵部的来源是什么，主要负责什么事务？

兵部为六部之一，是掌管选用武官及兵籍、军械、军令，负责军事，以及发布驻防、训练、检阅等政令的部门。兵部源于三国时期魏国的五兵制。

虎符是什么？

虎符是古代帝王授予臣属征调兵员的信符，用铜铸成，卧虎形，背上刻有铭文，侧面有编号。虎符分为两半，右半留存京师，左半颁发给郡守或统兵将帅，行用于战国、秦汉至唐初以前。现存较早的虎符是1975年陕西西安出土的战国晚期杜虎符，以及相传在山东临城出土的秦代阳陵虎符等。

古代战场上最常用到的武器是什么？

古代战场上，出场率最高的武器就是各种长柄兵器，比如长矛和长戟。中国古代也曾经有过长柄戈，不过这种兵器随着车战时代的结束而淘汰了，很早就退出了战场。戟是戈和矛的混合体，同时具有戈和矛的用途，也是在车战时代大行其道。不过戟使用时间比较长，从两汉到南北朝，都是军队中主要的作战武器。

弩机最早出现在哪个朝代？

弩是用机械力射箭的弓，是由弓发展而成的一种远程射杀伤性武器。弩机是弩上的机械装置部分，由郭（机匣）、牙、望山、悬刀等部分组成。弩机最早发现于春秋晚期的楚国地区，那时候的弩机大多无郭，仅有钩弦用的牙、瞄准用的望山和当扳机用的悬刀。

关于大规模在战场上使用弩的最早记录是什么？

弩在战场上大规模使用的最早记录来自《史记》记载的齐魏马陵之战，发生在公元前342年。当时齐军一万名弩手埋伏在马陵狭道的两边，等魏军进入射程之后，万弩齐发，魏军损失惨重。主帅庞涓无奈之下，自杀身亡。

"君子一言，驷马难追"中的"驷马"指的是什么？

"君子一言，驷马难追"的意思是一句话说出了口，就是四匹马拉的车也很难追上。常用在承诺之后，表示说话算数。"驷马"与先秦时期的战车有关，早期的战车有两匹马拉的，也有四匹马拉的。四匹马拉的战车上，中间的两匹马通过挽具与车辕相连，称为"服马"；两边的两匹马则用皮带直接拴上，称为"骖马"。四匹马合称为"驷"。

什么是虎豹骑？

根据《三国志》的记载，虎豹骑是曹操掌握的一支精锐骑兵。称其为"虎豹骑"是因为这支骑兵的战斗力极强，作战时像虎豹一样勇猛。虎豹骑曾跟随曹操远征乌桓斩杀单于踏顿，在长坂坡击溃刘备主力，后来又在关中打败马超，声名威震天下。

什么是白马义从？

白马义从是东汉末割据幽州的公孙瓒在与乌桓的作战中，用跟随自己的"善射之士"组建的一支轻骑部队。白马义从威震塞外，使边疆部族不敢轻易入侵中原。

陷阵营是什么样的军队？

陷阵营是东汉末期吕布麾下的步兵队伍，统兵将领是高顺。这支部队配备着精良的武器

和铠甲，作战勇猛。

重骑兵和轻骑兵有什么区别?

轻骑兵和重骑兵的区别在于防护的轻重以及武器的不同。轻骑兵一般是发挥侦察和袭扰作用，身披轻甲，武器多样，往往配备刀、弓箭等。重骑兵是为了正面突破敌人阵地而存在的，持有的武器多为长柄武器，一般连人带马都有防护，俗称"武装到牙齿"。

古代的"放风筝战术"是什么意思?

放风筝战术是古代轻骑兵常用战术，即轻骑兵远远地跟在撤退的敌方步兵队伍附近，利用弓箭射杀敌兵，同时避免与敌人近战肉搏。因为轻骑兵具有很强的机动性，步兵撤退的速度不能甩开轻骑兵，想打击轻骑兵也因为速度原因追不上，只能任由轻骑兵像放风筝一样牵制和消耗步兵。

什么是"先登"?

在古代战争中，"先登"指在攻城战中，先于众人登上城墙等目标的英勇行为，也代指完成艰巨任务的先锋部队或士兵。敢于先登的都是军中勇士，如张辽、乐进、典韦、黄忠等人。

《八阵图》是什么？

相传《八阵图》为黄帝所创，历代演变有所不同。三国时期诸葛亮曾推演兵法，作八阵图。诸葛亮御敌时以乱石堆成石阵，按遁甲分成天、地、风、云、龙、虎、鸟、蛇八阵，变化万端。

什么是屯田军？

屯田军是古代军种名，指专任屯田耕作的军士。设于沿边地区，军队一面戍守，一面屯田，军饷自给。

河北四庭柱分别指谁？

东汉末年袁绍手下有四员大将，分别为颜良、文丑、张郃、高览，他们四人号称"河北四庭柱"。

无当飞军是怎么来的？

无当飞军是诸葛亮在平定南蛮后，利用当地兵源组建的一支部队。无当飞军能翻山越岭，善于使用弓弩和毒箭，擅长野战。因有兵械扎马钉和弩箭，也非常精于防守作战。

"斗将"是什么意思？

"斗将"是指两军对阵时，各自派出将领比斗，将领的胜利虽然不能决定整场战争的胜负，但能影响士气。

"鸣金收兵"中的"金"指什么？

"鸣金收兵"中的"金"指的是古代军队作战中作信号用的乐器钲。钲形似钟而狭长，上有柄，用铜制成。"鸣金"最开始指的就是敲打钲，后来钲可能被锣一类的乐器取代。

"背水一战"的主人公是谁？

"背水一战"与韩信有关。汉高祖三年（前204年）十月，韩信率军攻赵，穿出井陉口，命令将士背靠大河摆开阵势与敌人交战。前临大敌，后无退路的处境坚定了将士拼死求胜的决心，结果大破赵军。

"武庙十哲"都有谁？

武庙十哲，是指唐朝开元十九年（731年）唐玄宗为表彰并祭祀历代名将所设置的庙宇，它以周朝开国太师、军师姜尚（姜子牙）为主祭，以汉朝留侯张良为配享，并以历代名将十人从之。

分别是：秦武安君白起、汉淮阴侯韩信、蜀汉武乡侯诸葛亮、唐卫国公李靖、唐英国公李勣、汉留侯张良、齐大司马田穰苴、吴将军孙武、楚令尹吴起、赵望诸君乐毅。

“顶盔掼甲”是什么意思？

“顶盔掼甲”的意思是戴着头盔，身披战甲，比喻全副武装。盔是用来保护头部的装备，多用金属制成，如头盔、钢盔。甲是古代军人保护身体的衣服，一般为皮革制成，也有金属制成的甲。

“铁骨朵”是什么兵器？

“铁骨朵”是辽金时代的兵器，类似长柄锤，木柄上安装一个蒜头或蒺藜形的重铁器，凭重力锤击敌人。铁骨朵常用于破甲。

古代弓箭能射多远？

汉朝时弓箭的射程大约是100—150米。宋朝使用的神臂弓射程超过200米，不过神臂弓笨重，机动性较差。普通弓箭的射程也在150米左右。

什么是"铁浮图"?

"铁浮图"又称"铁塔兵",指金太祖第四子完颜宗弼的亲兵,《岳飞传》《宋史》中均有记载。"铁浮图"是金军中的精锐部队,主要担任攻城和冲杀敌军的任务。

"横槊赋诗"中的"槊"是什么兵器?

槊是长矛的一种,一开始是硬杆,后期为了适应骑兵的冲锋,逐渐演变成了软杆。

环首刀是什么时候出现的?

环首刀诞生于西汉时期,是钢经过反复折叠锻打和淬火后制作出来的直刃长刀,刀拥有厚实背脊,重量较重,劈砍时产生的杀伤力比剑大。并且刀比剑更易制造,单面开刃的工序比双面开刃简单省时,适合量产,被军队大量装备。

"兵仙"指的是谁?

韩信擅长治军,善于指挥大兵团作战,是秦汉之际一流的军事家。明代学者茅坤赞其为"兵仙"。

为什么把诸侯争天下叫作"逐鹿"?

"逐鹿"这一说法出自《史记·淮阴侯列传》:"秦失其鹿,天下共逐之,于是高材疾足者先得焉。"意思是秦国瓦解之后,它原来的利益就像放到野外的无主鹿一样,谁追到谁就可以享受到利益。后来就用"逐鹿"比喻争夺统治权。

长勺之战发生在什么时候?

长勺之战是发生在春秋时代齐国与鲁国之间的一场战役,发生于公元前684年的长勺(今山东省莱芜)。鲁国在此次战役取得胜利,间接促成齐鲁息兵言和。

官渡之战的交战双方分别是谁?

官渡之战的交战双方是曹操和袁绍。建安五年(200年),曹操军与袁绍军相持于官渡(今河南中牟东北),在此展开战略决战。曹操奇袭袁军的粮仓,继而击溃袁军主力。此战奠定了曹操统一北方的基础。官渡之战是中国历史上著名的以弱胜强的战役。

"滚木礌石"是什么?

滚木礌石是用来守城的器械,由圆柱状的

长条树干和圆形的大石头组成。

攻城战中，守城一方为什么都是扔滚木礌石而不是推倒云梯？

云梯搭在城墙上时有一定支撑角度。如果要推倒梯子，需要将梯子至少推至垂直状态，否则梯子仍然会倒向城墙。守城士兵很难将梯子推倒，所以都是扔滚木礌石砸向敌军，阻止敌军登城。

历史上吕布的兵器是《三国演义》所写的方天画戟吗？

在真实历史中，吕布的武器并不是方天画戟。《后汉书·董卓传》记载："布应声持矛刺卓，趣兵斩之。"这里描述的是吕布按照司徒王允的计谋杀死董卓的经过，吕布的兵器是矛。

"淮西二十四将"分别指谁？

"淮西二十四将"又称"明初淮西二十四将"，是朱元璋离开濠州奔赴定远时带在身边的24个人。二十四将包括：徐达、汤和、吴良、吴祯、花云、陈德、顾时、费聚、耿再成、耿君用、唐胜宗、陆仲亨、华云龙、郑遇春、郑遇霖、郭兴、郭英、胡海、张龙、陈桓、谢成、李新材、张赫、周德兴。

都有谁获得过"武安君"的封号?

武安君是先秦时期的一种封号,意为"以武功安天下"。获得武安君封号的有白起、苏秦、李牧等人。

矛是什么时候出现的?

矛出现于蛮荒时代,最早的矛为木矛,即将木棍或竹子一端削尖使用。到旧石器时代,出现了石矛。进入商朝后,矛由石头升级为青铜矛。汉朝后多为铁矛。

"兵家四圣"分别指的是谁?

兵家四圣是对古代兵家的四位战略家与军事家的通称,"兵家四圣"最普遍的说法是:兵圣孙武、亚圣吴起、计圣孙膑、尉圣尉缭。

中国古代十大名剑指的是什么?

中国古代十大名剑分别为轩辕夏禹剑、湛卢剑、赤霄剑、泰阿剑、七星龙渊、莫邪剑、干将剑、鱼肠剑、纯钧剑、承影剑。

陌刀是什么时候出现的？	陌刀的历史最早可追溯至唐代，它是唐朝步兵使用的一种长柄刀，形式多样，多为双刃，杀伤力大。陌刀最初是为了对付突厥骑兵，被称为"斩马剑"。
"丰城剑气"说的是什么兵器？	"丰城剑气"说的是龙泉剑和泰阿剑。《晋书·张华传》记载，吴灭晋兴之时，尚书张华发现斗牛之间常有紫气，对应在丰城。于是张华任命雷焕为丰城令，雷焕到任后，于狱中挖出宝剑两把，一名龙泉，一名泰阿。宝剑挖出后紫气就消失了。
南宋的中兴四将都有谁？	宋皇室南渡之后，朝中将领以张俊、韩世忠、刘光世、岳飞战功最为卓著，他们在抵抗金兵、保证南宋政权的建立与巩固过程中发挥了重大作用，被誉为"中兴四将"。
监军是什么职务？	监军为中国古代武官名，是朝廷临时差遣的监督军事之官。春秋时齐景公使司马穰苴统军出征，派庄贾为监军，是为监军名字之

始。后历代相沿。军师、军司、御史等都曾担任过监军之职。其中以内廷宦官出任监军的情况尤多。清代废除。

御林军是什么军队？

御林军指的是禁军，是封建时代直属于帝王，担任护卫帝王或皇宫、首都警备任务的军队。因时代、文化与地域的不同，有其他异名同义的名称，如禁卫军、亲卫军、近卫军、羽林军等。

什么是边报？

边报是宋代官府文书名。沿边州军将边境情况用文书形式申报给中央机构，称为边报。

第十章

国医精髓　中药文化

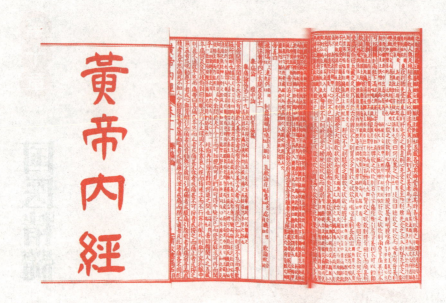

黄帝内经

中国传统医学有哪四大经典著作?

中国传统医学的四大经典著作分别是《黄帝内经》《伤寒杂病论》《神农本草经》和《难经》，这四本著作具有极强的研究价值，对我国中医的发展起到了巨大的指导作用。

中国古代四大名医分别是谁?

中国古代四大名医分别指战国时期的扁鹊，东汉末年时期的华佗、张仲景，以及明朝时期的李时珍。

"望闻问切"四诊法是由谁开创的？

扁鹊在总结前人经验的基础上，提出了"望闻问切"四诊法，并在《难经》第六十一难中进行了阐述："望而知之者，望见其五色，以知其病。闻而知之者，闻其五音，以别其病。问而知之者，问其所欲五味，以知其病所起所在也。切脉而知之者，诊其寸口，视其虚实，以知其病，病在何脏腑也。"

被誉为"医圣"的人是谁？

被誉为"医圣"的人是张仲景。张仲景名机，字仲景，南阳郡涅阳县（今河南省南阳市）人。东汉末年医学家，被后人尊称为"医圣"。

被誉为"药王"的人是谁？

中国历史上有好几位"药王"，如扁鹊、华佗、李时珍，但广为人知的"药王"一般指的是孙思邈。孙思邈医术高超，颇受唐太宗李世民器重，被封为"药王"。孙思邈逝世后，后人将其故乡五台山（位于今陕西省铜川市耀州区，古称五台山）改为药王山，还为其建庙塑像，树碑立传。

被誉为"儿科之圣"的人是谁？

被誉为"儿科之圣"的人是钱乙。钱乙字仲阳，郓州（今山东省东平县）人，祖籍钱塘（今浙江省杭州市）。钱乙是宋代儿科医学家，也是中国医学史上第一个著名儿科专家。

被誉为"中国针灸鼻祖"的人是谁？

被誉为"中国针灸鼻祖"的人是皇甫谧，他是魏晋时期的学者、医学家、史学家。他曾著有《针灸甲乙经》，这是中国第一部体系较为完备的针灸学专著。此外，皇甫谧还编撰了《帝王世纪》《高士传》《逸士传》《列女传》《玄晏春秋》等书，在医学史和文学史上都有盛名。

"麻沸散"有什么样的作用？

"麻沸散"传说是华佗创制的用于外科手术的麻醉药。《后汉书·华佗传》中有所记载："若疾发结于内，针药所不能及者，乃令先以酒服麻沸散，既醉无所觉，因刳破腹背，抽割积聚。"华佗曾用"麻沸散"使病人麻醉后施行剖腹手术，是世界医学史上应用全身麻醉进行手术治疗的最早记载。

"五禽戏"是什么？

"五禽戏"是模仿虎、鹿、熊、猿、鸟5种禽兽的神态和动作创编而成的一种健身功法，其包含虎寻食、鹿长跑、熊撼运、猿摘果、鹤飞翔等典型动作。东汉时期，名医华佗在总结前人理论和经验的基础上创编了成套的五禽戏，故"五禽戏"又称"华佗五禽戏"。

世界上最早的法医学专著是什么？

世界上最早的法医学专著是宋代法医学家宋慈于1247年写成的《洗冤集录》。全书由检验总说、验伤、验尸、辨伤、验骨等53项内容组成，涉及了现代法医学的重要领域。

中国最早的妇产科著作是什么？

迄今发现的中国最早的妇产科文献之一是湖南省长沙市马王堆3号汉墓出土的帛书《胎产书》，书中详细记录了胎儿在母体中的发育情况，对十月怀胎不同阶段的胎儿形态变化都进行了描述。

中国第一部完整的药物学著作是什么？

中国第一部完整的药物学著作是《神农本草经》，又名《神农本草》，简称《本草经》《本经》，是中国最早的中药经典著作。《神农本草经》中载药365种，其中植物药252种、动物药67种、矿物药46种。书中将药品以三品分类法分为上、中、下三品，文字简练古朴，成为中药理论的精髓。

被尊为"医家之宗"的医书是哪一部？

被尊为"医家之宗"的医书是西汉时期编订的《黄帝内经》。《黄帝内经》由《灵枢》和《素问》两部分构成，书中内容涉及多个方面，除医学外，还记载了天文、生物、地理等知识。

世界上最早由国家编订和颁布的药典是什么？

世界上最早由国家编订和颁布的药典是《唐本草》，即《新修本草》，由唐代苏敬等儒臣和医官奉诏编于657—659年，是在南朝齐梁陶弘景《本草经集注》的基础上补充勘校而成的。书中收入药类品种达800余种，皆是在广泛实地调查的基础上撰成的，并附有彩色图谱。

《新修本草》较《本草经集注》有哪些方面的更新？

《新修本草》的更新内容包括修订以往的错误，补充新发现的药物和外来药物。《新修本草》中载药共计844种，比《本草经集注》新增了144种。

关于"针灸"的历史，最早可以追溯到什么时期？

针灸有着悠久的历史，早在新石器时代，人们就用"砭石"砭刺人体的某一部位治疗疾病。针灸由"针"和"灸"构成，《山海经》中记载："有石如玉，可以为针。"这是关于石针的早期记载。

《本草纲目》为什么被称为"东方药物巨典"？

《本草纲目》是中国古代药学史上部头最大、内容最丰富的药学巨著，由明代李时珍于1578年撰写而成。《本草纲目》共计52卷，收录了多达1892种药品，并依据药物的属性和功用，采取了动物、植物和矿物等科学分类的方法。

"世界中医药日"在哪一天?	2018 年 11 月,第十五届世界中医药大会在意大利罗马召开,大会发表了《罗马宣言》,并确定每年的 10 月 11 日为"世界中医药日"。
"中药四君子"是什么?	"中药四君子"指的是人参、茯苓、白术、甘草四味药物。人参可补肺扶脾,白术能健脾除湿,茯苓可降气渗湿,甘草能补胃和中。
"温病四大家"分别是谁?	"温病四大家"指的是清代名医叶桂、薛雪、吴瑭、王士雄,他们对温病学体系的形成和发展做出了杰出的贡献。叶桂所著的《温热论》对后世有着深远的影响。吴瑭所著的《温病条辨》是温病学的重要著作。薛雪是我国医学史上第一位对湿热病进行专篇论述的人。王士雄在温病分类和诊治方面也有着重要的贡献。
"建安三神医"分别是谁?	"建安三神医"指的是东汉末年三位杰出的

医学家，分别是张仲景、华佗、董奉。张仲景为"建安三神医"之首。

中医中常常提到的"方剂"是什么？

"方剂"是在辨证、辨病，确定立法的基础上，根据组方原则和结构，选择适宜药物组合而成的药方和制剂。简而言之，是药物按着一定的规矩组合而成的药方。

"方剂"一词最早出现在哪里？

"方剂"一词最早出现在唐代姚思廉所著的《梁书·陆襄传》中，其中记载道："襄母卒病心痛，医方须三升粟浆……忽有老人诣门货浆，量如方剂。"

方剂的基本结构是什么？

方剂的基本结构一般由君药、臣药、佐药、使药组成。"君臣佐使"的提法最早见于《内经》，在《素问·至真要大论》中有"主病之谓君，佐君之谓臣，应臣之谓使"的记载。

君药、臣药、佐药、使药分别有什么样的作用？

君药是方剂中针对主病或主证起主要治疗作

用的药物；臣药是方剂中辅助君药加强治疗主证，或针对兼病、兼证起治疗作用的药物；佐药是方剂中协助君、臣药以治疗兼证与次要症状，或制约君、臣药的毒性与烈性，或用作反佐的药物；使药是方剂中具有调和诸药作用或引方中诸药直达病所的药物。

"湿热病"是一种什么病？

湿热是中医名词术语，也是致病因素，同时还是中医证候名，如湿热证。它指的是湿热蕴结体内，脏腑经络运行受阻。湿热证常有发热、身热不扬，头痛而重、身重而痛，口苦等临床表现。

"中医"有哪些其他的称呼？

"中医"也被称为岐黄、杏林、悬壶。
"岐黄"来源于《黄帝内经》，因它是黄帝与岐伯讨论医学的专著，于是便称《黄帝内经》为"岐黄之术"，于是"岐黄"就成了中医的雅称。
"杏林"与三国时期的名医董奉有关。据

《神仙传》记载："君异居山间，为人治病，不取钱物，使人重病愈者，使栽杏五株，轻者一株，如此数年，计得十万余株，郁然成林。"从此人们便称中医为杏林。

"悬壶"与汉代的费长房有关，据说费长房在街上看到一个老翁在卖药，竹竿上挂着一个葫芦，每到散市关门后老翁就会跳入葫芦中。费长房认为老翁是神仙，于是拜老翁为师，学成后得老翁传赠治病的葫芦竹杖，从此悬壶行医。因此人们常用"悬壶"来代称行医。

"五脏六腑"指的是哪"五脏"、哪"六腑"？

"五脏六腑"是人体各内脏的总称。"五脏"包括心、肝、脾、肺、肾；"六腑"包括小肠、胆、胃、大肠、膀胱、三焦。"脏"指的是实心、有机构的脏器，"腑"指的是空心的脏器。

"经络"是什么？

"经络"是经脉和络脉的总称。经脉如同经路，是纵行的干线；络脉如同网络，为横行的分支。"经络"是人体气血运行的通道，起到沟通内外、贯穿上下、联系左右前后、网络全身的作用。

"经络"一词最早出自哪里?

"经络"一词最早出自《黄帝内经》，其中记载道："阴之与阳也，异名同类，上下相会，经络之相贯，如环无端。"

"七日节律"是什么?

张仲景在《伤寒杂病论》中写道："太阳病，头痛至七日以上而自愈者，以行其经尽故也。"也就是说，外感风寒即使不治疗，只要不发生并发症，7天就可自行痊愈。如果7天不好，病程就会延至7的倍数，如14天或21天，这种规律被称为"七日节律"。

推拿疗法是如何产生的?

早在远古时期，中国就有推拿医疗的活动。人们在受伤后，会本能地用手去抚摸伤痛处，疼痛会因此而得到缓解，由此便逐渐产生了推拿疗法。可以说，在人类诞生之时，推拿就随之而产生了，它是我们身体自发的自我治疗方法，是人类最早也是最原始的理疗手段。

被誉为"百药之长"的是什么？

《汉书》中总结性强调了"酒为百药之长"。中国酿酒历史悠久，《战国策》中有"仪狄作酒"的记载，《淮南子》中有"清酿之美，始于耒耜"的记载，这说明中国在公元前2世纪已能用粮食酿酒。

酒发明后，被广泛用于疾病治疗，《史记·扁鹊仓公列传》中记载道："上古之时，医有俞跗，治病不以汤液醴酒。"《黄帝内经》中也有"汤液醪醴"的专论。

关于"药酒"的最早记载是什么？

中国对于酒剂的应用历史十分久远，殷商时代的甲骨文里已有"鬯其酒"的记载，即酿造芳香的药酒。如今，药酒也逐渐和各地的风俗习惯结合在一起，对维护健康、防病治病起到了重要作用。比如，正月初饮屠苏酒可以祛风散寒，避除瘟疫；五月端午饮菖蒲酒或雄黄酒，可以去毒辟邪；九月九重阳节饮菊花酒可以消灾避祸。

宫廷医生分为哪几种岗位，各自的职责是什么？

宫廷医生共分为四类，分别是食医、疾医、疡医、兽医。食医是管理饮食的专职医生，是宫廷内的营养医生，主管帝王膳食；疾医相当于内科医生；疡医相当于外科医生，专管治疗各种脓疡、溃疡、金创、骨折等病症；兽医主要负责治疗家畜疾病或疮疡。

古代人有了蛀牙怎么办？

我国唐朝药典《唐本草余》中就有关于古代人使用银膏治疗牙齿的记载，当古代医生认为某颗烂牙需要拔掉时，他们会将特定配方的药放在坏牙处，轻轻一敲或借用简陋的工具，就可将牙齿拔下来。

民间缓解牙痛的秘方也很多，譬如用好牙慢慢将丁香嚼碎，然后填塞在龋齿缝内，就可以起到止痛的效果。

"天花"是什么，古代人如何治疗"天花"？

"天花"是由天花病毒感染引起的一种急性传染病，感染后会发热、头痛、背痛并出现斑丘疹，逐渐变成水疱、脓疱。

古代人对天花主要是预防为主，唐代名医孙思邈曾用天花口疮中的脓液敷着在皮肤上来预防天花。明代以后，人痘接种的方法逐渐被使用起来了。人痘是一种古老的天花疫苗，其接种方法有多种，主要原理是通过吸入天花患者的痘痂粉末，感染轻微的天花后自愈，从而获取免疫力。

古代人得了疟疾怎么办？

疟疾是由疟原虫引发的传染性疾病，民间称"疟"为"打摆子""打脾寒"或是"瘴疟之气"。

晋代葛洪《肘后备急方》中记载"青蒿一握，以水二升渍，绞取汁，尽服之"治疗疟。清代叶天士明确指出：疟有两种，一种是伤寒正疟，小柴胡汤是正治之方；一种是暑湿时疟，具有季节性，主用常山、青蒿等。

"水痘"一词最早出现在哪里？

水痘病名最早见于宋代《小儿卫生总微论方》。明代《古今医统》对麻疹、水痘和天花作了鉴别，清代《医宗金鉴》对水痘的脉因证治有完整的论述。

古代人如何治疗甲状腺肿大？

南北朝时期，《僧深集方》中记载有"五瘿丸"，它是用鹿的甲状腺制成的，用以治疗甲状腺素缺乏的甲状腺肿大，这是最早的也是有效的内分泌腺疗法的记载。

文人也可以从医吗？

古代医学典籍多深奥难解，每借通医知书的文人予以诠释，故文人中精医术者甚多，如孙思邈、王焘、沈括、林亿、苏颂等。科举制度盛行以后，许多考场失意的儒生为求生计，转而业医。这些由儒而医的医生常被称为儒医，以区别于师徒授受的业医者。明代著名药学家李时珍、清代医家陈修园和汪昂等均属儒医。

古代人有多害怕麻风病？

麻风病通常被人认为是"一种使皮肤长鳞的疾病"。麻风也早有记载，《庄子》中提到"疠与西施"，其中的"疠"（也可作"癞"）

为"疠风"，是"麻风"在中国的旧称。古代认为麻风病患者是不洁之人，较强的传染性和有限的治疗方式使得人人"谈麻风色变"，遇到麻风病人甚至会驱逐赶杀。

温病是一种什么病？

中医学所讲的温病是多种外感急性热病的总称，包括传染性和非传染性两大类，其中具有传染性的温病在临床和研究中更为人们所关注。"温病"一词，首见于《黄帝内经·素问·六元正纪大论》，其中写道"温病乃作"。隋代巢元方在《诸病源候论》里记载了温病34候，指出其有"转相染易"的传染病特征。

中国最早的传染病隔离场所是什么时候创建的？

中国最早的传染病隔离场所建于秦朝。秦朝时期麻风病盛行，当局制定了相关法律，指定专门的医生检查麻风病人，病人要被送到疠所或疠迁所隔离治疗。疠所是目前已知的我国最早的传染病隔离场所。

世界上最早的医学教学模型是什么？

世界上最早的医学教学模型是宋代所制的针灸铜人。天圣五年（1027年），宋仁宗诏命翰林医官王惟一铸造针灸铜人两具。

铜人高矮大小与真人相同，体内配有五脏六腑，与真人的生理结构一致，并且四肢、内脏均可拆卸组合。外表刻有354个穴位，旁边标明了穴位的名称。奉宋仁宗旨令，一个针灸铜人置宫中，供鉴赏；一个送医官院，作为针灸教学模型和测试医学生及医官针灸能力的工具。

常说的"神农尝百草"的典故是什么？

神农是传说中上古时期医药、农业的创始人之一。相传，距今5000多年前，神农生于历山（今湖北随州境内），因长于姜水，故为姜姓。《淮南子·修务训》中记载道："于是神农乃始教民播种五谷，相土地宜，燥湿肥硗高下，尝百草之滋味，水泉之甘苦，令民知所辟就。"这就是"神农尝百草"。

世界上最早的国家医学专门学校是什么？

世界上最早的国家医学专门学校是太医署。

太医署是隋朝正式设立的医学教育机构，署内设太医署令2人、丞2人，还有医监4人、医正8人。署内分医科、按摩科、咒禁科，各有博士二人教授学生，并有助教二人辅佐，还有药园师、主药、药监等负责药物教学，包括学生在内，总人数达数百人。

明代的太医院设有什么科？

明代太医院分为13科，分别为大方脉、妇人、伤寒、小方脉、针灸、口齿、咽喉、眼、疮疡、接骨、金镞、祝由、按摩。

御药局是负责什么的？

御药局是专为皇帝服务的御用药事机构，主要任务是监制御用药饵，兼管收储各地进贡的各类药材及各种成药加工制备，与太医院相辅。

校正医书局成立于哪个朝代？

校正医书局成立于宋代，始设于北宋嘉祐二年（1057年），是校订和刻印医药书籍的官方机构。所校医书有《素问》《脉经》《伤寒论》《千金要方》《针灸甲乙经》《诸病源候论》等。

中国最早的 "药店" 建于 什么时候？

宋代，我国设立了世界上最早的药局以管理药事，其中包括制剂管理的和剂局、收购检验和鉴别药材的药材所、销售药物的卖药所，以及突出慈善意义的机构惠民局。

古代人如何重 视饮食养生？

《论语·乡党》中写道："肉虽多，不使胜食气。"即肉食类不能多于谷类主食。"不多食"强调的是饮食适可而止；"食不语"是为了防止进食说话呛咳；"不时不食"强调的是非季节性的食物不能食用；"食不厌精，脍不厌细"讲究的是饮食要精细。《礼记·内则》中记载"凡和，春多酸，夏多苦，秋多辛，冬多咸，调以滑甘"，讲的是四时宜用五味以养气。

为什么很多 中药店都冠 以 "××堂" 之名？

东汉末年名医张仲景在担任长沙太守期间正值疫疠流行，许多贫苦百姓慕名前来求医。由于前来求治的患者越来越多，张仲景干脆把诊所搬到了长沙官衙大堂，公开坐堂应诊。受其影响，后来许多中药店都冠以某某堂之名，如"济生堂""同仁堂""长春堂"。

北京同仁堂是什么时候创建的?

北京同仁堂是清太医院吏目乐显扬于清康熙八年（1669年）创建的，最初为前店后作坊的小药店。

"铃医"是什么?

铃医是指那些身背药箱，手摇串铃，走街串巷，为百姓治病的医生，也被称为"串医""走乡医""走乡郎中""走方医"，实则就是古代游走江湖的民间医生。

"铃医"在摇动串铃的时候有什么讲究?

铃医一行有自己的规矩，在药铺前不得摇铃，若摇铃则视为不敬之举。不同级别的医家也有不同的摇铃方式，刚出道者摇铃于胸前，医术高明者摇铃高度与肩平齐，有绝活者摇铃高过头顶。

《红楼梦》中涉及了多少医学知识?

据统计，《红楼梦》中涉及的医学知识接近300处，总字数超过5万字。书中描写病例

114种，中医病案13个，方剂45个，中药125种、西药3种。120回中共有66回叙及医学知识。

为什么我国古代的文学与医学总是有着紧密的联系？

我国古代医出于儒，医儒相通，许多文学成就很高的文人墨客都具备相当多的医学知识，如柳宗元、白居易、苏轼、陆游等。因此，中国古典文学里总是蕴含着大量的医学知识。

许多医学著作也富有文学色彩，如《医学三字经》《濒湖脉学》《汤头歌诀》《雷公药性赋》，分别采用了三言、四言、七言诗歌体和赋体，诗歌和医理互融的形式，让枯燥的基础理论、中药方剂等知识变得容易理解了，读起来也生动有趣。

传统音乐对中医学有着什么样的影响？

古代的传统音乐讲究"和"与"节"，这对我国医学领域产生了深刻的影响。《礼记·乐记》中记载道："大乐与天地同和，大礼与天地同节。和，故百物不失；节，故祀天祭地。"

"和法"是临床治疗的重要原则和方法。与此同时，中医认为人体的生理病理与自然界的节气变化密切相关，会随着时间、季节等的变化而表现出来，这与音乐中"节"的思想也是密不可分的。

苦丁茶是一种什么茶？

《本草纲目》中记载道："（苦丁茶）苦，平，无毒。南人取作茗饮，极重之……今广人用之，名曰苦蓥……煮饮，止渴明目除烦，令人不睡，消痰利水，通小肠，治淋，止头痛烦热，噙咽，清上膈。"由此可见，苦丁茶不仅是日常的饮品，还是养生的良药。

酒的起源可以追溯到什么时候？

考古工作者发现，仰韶文化时期就已经开始酿酒，在新石器时代晚期的龙山文化遗址、河南偃师二里头夏文化遗址中均发现专用的陶制酒器。在商代文化遗存中，有数千件种类各异的青铜酒器，足以佐证商代贵族饮酒成风。

为什么除夕日要饮屠苏酒?

《元日》一诗中写道"爆竹声中一岁除,春风送暖入屠苏",这里的"屠苏"指的便是屠苏酒。屠苏酒以大黄、白术、桂枝、防风、花椒等中药放入酒中浸制而成。相传,名医孙思邈在每年腊月总是要分送给亲戚、乡邻一包药,告诉大家以药泡酒,除夕进饮,可以预防疫病。于是,经过历代相传,饮屠苏酒便成了春节的风俗。

中药里的"四气五味"指的是什么?

"四气五味"指的是药物所具备的性味。"四气"指寒、热、温、凉,另有平性,又称为"四性";"五味"指酸、苦、甘、辛、咸,另有涩、淡味。

有关"四气五味"的最早记载是什么?

"四气五味"理论的最早记载出自《神农本草经》,其中写道:"药有酸咸甘苦辛五味,又有寒热温凉四气。"

古代有哪些中药加工炮制的方法?

古代许多医学著作都记载了中药炮制加工的方法,如《黄帝内经》《神农本草经》《伤寒杂病论》等，记载的方法具体为㕮咀、去皮、去心、炙、酒洗、水渍、擘、姜制、火熬、蒸、蜜煎、杵为散、姜汁糊丸等。

我国现存的第一部中药炮制专著是什么？

我国现存的第一部中药炮制专著是《雷公炮炙论》。全书分上、中、下3卷，载药300种，较系统地总结了5世纪前中药炮制的经验，并初步概括了药物采集、性味、煮熬、修治等方面的有关理论与方法。书中涉及的炮制方法有炮法、炙法、焙法、煨法、蒸法、煮法、去芦、去足、制霜、制膏、酒制、蜜制、药汁制等，并对具体操作过程有较详细的记录。

我国现存最早的骨伤科专著是什么？

我国现存最早的骨伤科专著是《理伤续断方》，书中收载有关伤科治疗方40余个，其中的四物汤至今不仅在伤科，内科、妇科亦广泛应用。该书现存最早的版本为明代洪武年间刻本。

药物最早是如何进行分类的?

《周礼·天官冢宰》中记载道:"以五味、五谷、五药养其病。"汉代郑玄注:"五药,草、木、虫、石、谷也。"这是目前所知对药物进行的最早的分类。

中医医术为什么被称为"岐黄之术"?

"黄"指轩辕黄帝,"岐"指他的臣子岐伯。相传黄帝常与岐伯、雷公等臣子坐而论道,探讨医学问题,对疾病的病因、诊断以及治疗等原理设问作答,其中很多内容都记载于《黄帝内经》中。后世出于对黄帝、岐伯的尊崇,用"岐黄之术"指代中医医术。

刮痧有什么作用?

刮痧是借助于刮痧板和刮痧油,对人体的一些特定部位进行推刮、治疗的一种方法。局部刺激可以对人体的气血运行产生促进作用,能够达到疏通经络、改善局部血液循环的目的。

医案是什么,最早的医案来自哪个朝代?

医案是中医诊治疾病过程的记录,后发展为中医著作的一种类型。现知最早的医案是西汉时期医家淳于意的"诊籍"。

中医医案的写法有何要求？

中医医案的写法不一，好的医案应该融合理、法、方、药于一体，反映辨证论治的全过程。中医医案要求记录患者的病史、症状、脉象、舌象等内容，探求疾病发生的内在机理，并据此立法、处方、用药。中医医案虽不求有症必录，但应该突出有辨证意义的主症。

医话是什么？

医话是医家以笔记、短文、随笔等形式，阐述其临床心得体会以及其他问题的著述，是中医学著作的重要组成部分。中国现存最早的医话著作当推宋代张杲的《医说》，该书广泛收集了南宋以前中国文史著作中有关医药的内容及个人经历或耳闻医事，并分类编排。

古代是如何贮藏中药的？

《周礼》中记载道："医师掌医之政令，聚毒药以共医事"，说明当时已有专职管理药物收藏的医师。《神农本草经》中也有对中药贮藏的概括，曾提到"阴干暴干，采造时月"。南北朝时期已有专门贮藏药物的机构。宋元时期的《本草衍义》与《汤液本草》论述了中药材贮藏对疗效的影响。明代《本草蒙筌》中记载了多种中药贮藏方法，至今仍在使用。

以动物作为药材治疗疾病，这一行为可追溯至什么时期？

早在商代就有关于用动物作为药材治疗疾病的记载，当时的药用动物有40多种。春秋时期的《诗经》也记载了动物中药，最早的药学专著《神农本草经》收载了65种，《新修本草》收载了128种，到明代《本草纲目》收载的动物中药已有461种。

对于中药的蒸法，古代的医疗文献是如何记载的？

现存最早的医学文献《五十二病方》中就记载有中药陈藿"蒸而取其汁"。张仲景在《伤寒论》中记载道："以苦酒渍乌梅一宿，去核，蒸之，五升米下，饭熟，捣成泥。"至南北朝、唐代，蒸法炮制有了很大的发

展。《雷公炮炙论》中记载了干地黄、黄精、五味子等蒸制药物 70 多种，分别采用拌酒、拌浆水、腊水、蜂蜜等各种辅料同蒸的炮制方法。

中药有哪三类功效？

一类是对证功效，是中药对某一证调整作用的总结概括，如清热药主治里热证；一类是对症功效，是中药对某一症状调整作用的总结概括，如茵陈退黄、三七止血；一类是对病功效，是中药对某一疾病治疗作用的总结概括，如麻黄发汗、利水消肿，使君子驱虫。

"以毒攻毒"有什么样的历史渊源？

"以毒攻毒"是用有毒性的药物治疗因毒邪侵袭所致疾病的方法。《周易》中记载的"同声相应，同气相求。水流湿，火就燥"体现了同类相感的原理，可从某种角度视为以毒攻毒的渊源。

宋金元时期《卫济宝书》中阐明了药物"以毒攻毒"的方法，明确了"以毒攻毒"的

应用原则。

明清时期这一理论更加丰富，《本草纲目》记载了许多以毒攻毒的中药，如乌头"开顽痰，治顽疮，以毒攻毒而已"，蛇角"消肿毒，解诸蛊毒，以毒攻毒也"。

中医药学中应用最早的化学药物是什么？

中医药学中应用最早的化学药物是丹剂，与古代炼丹术的兴起有密切关系。战国时期《周礼》中就有"凡疗疡以五毒攻之"的记载，有人推断这里的"五毒"即为当时粗制的丹药，这是有文字记载的最早丹药。

汤剂是由谁首创的？

汤剂是中药加水煎煮或浸泡去渣取汁而成的液体制剂，又称煎剂，古称汤液。汤剂是中国应用最早最广泛的一种剂型。商汤时期伊尹首创汤剂，并总结出了《汤液经》。

"烊化"是什么意思？

"烊化"指的是某些药物单用水或者黄酒加热融化后再用煎煮好的药汁冲服的方法，又称溶化、熔化。早在张仲景的《伤寒论》中就已出现"烊化"的记载："以清酒七升，水八升，先煮八味，取三升，去滓，内胶烊消尽"，其记载的是炙甘草汤的煎煮方法，指出了阿胶需要烊化。

"焗服"是一种怎样的服药方法？

"焗服"指的是有效成分易溶于水或久煎容易破坏药效的药物，可用少量沸水或其他已煎煮好的药液浸渍冲泡后服用，又称泡服。

中药"十九畏"指的是什么？

"十九畏"是中国古代医家所总结的中药相畏配伍禁忌。"十九畏"歌诀最早见于明代刘纯《医经小学》："硫黄原是火中精，朴硝一见便相争，水银莫与砒霜见，狼毒最怕密陀僧，巴豆性烈最为上，偏与牵牛不顺情，丁香莫与郁金见，牙硝难合京三棱，川乌草乌不顺犀，人参最怕五灵脂，官桂善能调冷气，若逢石脂便相欺，大凡修合看顺逆，炮爁炙煿莫相依。"

最早记载中药气味与药效关系的著作是什么？

最早记载中药气味与药效之间的关系的著

作是《黄帝内经》，它奠定了中药气味配合理论的基础。后来，历代医家对气味配合进行了继承与创新。

金代医学家成无己在《伤寒明理论》中阐述了气味配合的意义，金代张元素在《医学启源》中探讨了气味厚薄与药效的相关性，清代吴鞠通在《温病条辨》中直接使用气味配合阐述方剂的特征与功效。

"辟谷"是什么？

"辟"音义同"避"；"谷"指五谷食粮。"辟谷"就是限制摄入米谷食物，又称却谷、绝谷、断谷等。"辟谷"不是简单、被动地限制饮食，而是一种主动的养生保健方法，常与其他养生术（如气功）配合进行。

"辟谷"的起源是什么？

"辟谷"历史悠久，《史记·留侯世家》中记载道：留侯张良素体多病，常采用导引、辟谷等术疗疾并练轻身之功。湖南长沙马王堆西汉古墓出土的帛书中有一部《却谷食气篇》，其中论述了练气功以辟谷养生的理论与方法。

食疗的历史渊源是什么？

食疗在中国已有数千年的历史。早在远古时代，就有神农尝百草以辨药食性味的传说。中国最早的一部药物学专著《神农本草经》中载药365种，分上、中、下三品，其中列为上品的大部分都是谷、菜、果、肉等常用食物。

孙思邈在《备急千金要方》中提出"夫为医者，当须先洞晓病源，知其所犯，以食治之，食疗不愈，然后命药"，说明食疗先于药疗。

现存最早的食疗专著是什么？

现存最早的食疗专著是《食疗本草》，是唐代张鼎在其老师孟诜《补养方》的基础上编撰而成的。

药膳最早可见于哪个时期？

药膳是在中医学理论指导下，按一定的组方规律将中药与食物进行搭配，以传统烹饪手段为主加工制作成的，具有调补精气、辅助治疗、却病延年等功效的特殊膳食。早在西周时期，已有关于"食医"的记录。《黄帝内经》不仅阐述了药膳应用理论，而且在其记载的十三方中，就有乌贼骨芦茹丸、半夏秫米汤等药食同用的方剂，已可视为药膳。

为什么说下棋也是一种养生的方式？

人们在下棋对弈的过程中，精神情绪专一宁静，从而使脏腑机能、阴阳气血等内环境得到改善，达到调养身心、保持健康的养生效果。

关于"疫"的最早记载是什么？

关于"疫"的记载，最早见于西汉戴圣编纂的《礼记·月令》，其中记载道"孟春……行秋令则其民大疫"，意思是自然气候的严重反常，是传染病暴发、流行的重要原因。

中国医学史上的第一部瘟疫专书是什么？

中国医学史上的第一部瘟疫专书是《瘟疫论》，书中提出了许多创造性的见解，如在瘟疫病因上，提出"疠气"（又称戾气、异气、杂气）致疫的观点；在感邪途径上，强调邪从口鼻而入；在治疗原则上，主张疏利透达祛邪为主等。

人类最早制造的医疗工具是什么?

人类最早制造的医疗工具是砭石,这种工具是我国石器时代产生和应用的,主要用于切开脓包和刺破皮下血管以放血等。

中医治病的三种大法指的分别是什么?

中医治病的三种大法指的分别是汗、吐、下。凡是作用向上的都属于吐法,如流涎、引嚏、催泪等;凡是具有解表作用的都属汗法,如灸、蒸、针刺、汤药等;凡是作用向下的都属于下法,如催生、逐水、降气等。

作为药物分类的一种方法,上品药、中品药、下品药有何区别?

上品、中品、下品是我国古代最早、最原始的一种药物分类法。上品药是指没有毒性、可以长期服用的药;中品药是指药物也许无毒,也许有毒,服用后可以治病补虚的药。下品药一般多毒,容易损伤人体正气,不能长期服用。

**"三教九流"
指的是什么?**

"三教九流"指的是三个教派和九个学术流派。其中"三教"指的是儒教、道教、佛教;"九流"指先秦至汉初的九大学术流派,即儒家、道家、阴阳家、法家、名家、墨家、纵横家、杂家和农家。

"三教九流"也被理解为各色人物和各色行当,并泛指旧时下层社会闯荡江湖从事各种行业的人。

最早的佛教寺院设在哪里?

最早的佛教寺院设在白马寺,洛阳白马寺不仅是中国最早的官办佛教寺院,还被尊称为中国佛教的"祖庭"和"释源"。白马寺位于河南省洛阳市洛龙区白马寺镇内,创建于东汉永平十一年,即公元68年,距今已有1900多年的历史。

佛教的创始人是谁?

乔达摩·悉达多是佛教的创始人,由于佛教的广泛传播和教徒的渲染,随着时间的推移,他逐渐被神化为"佛法无边"的神,被称为释迦牟尼佛。

佛教经典可分为几类?

佛教经典按照其所载内容来分类,可以分为经、律、论三种。这三种合称为"三藏",也叫"大藏经"。自汉至宋的千余年间,历代译经僧众共译出经、律、论5700余卷。

中国佛教的八大宗派分别是什么?

中国佛教的八大宗派分别是三论宗(法性宗)、法相宗(瑜伽宗)、天台宗、贤首宗(华严宗)、禅宗、净土宗、律宗、密宗

（真言宗）。

"十八罗汉"分别是什么？

"十八罗汉"分别是降龙罗汉、坐鹿罗汉、举钵罗汉、过江罗汉、伏虎罗汉、静坐罗汉、长眉罗汉、布袋罗汉、看门罗汉、探手罗汉、沉思罗汉、骑象罗汉、欢喜罗汉、笑狮罗汉、开心罗汉、托塔罗汉、芭蕉罗汉、挖耳罗汉。

玄奘西行的路线是什么？

玄奘西行的路线大致为：长安（西安）——秦州（天水）——兰州——凉州（武威）——瓜州——玉门关——伊吾（哈密）——高昌（吐鲁番）——阿耆尼国（焉耆）——屈支国（库车）——跋逯迦国（阿克苏）——凌山——大清池（伊塞克湖）——素叶城（碎叶城）——昭武九姓七国（乌兹别克斯坦境内）——铁门（兹嘎拉山口）——今阿富汗北境——大雪山（兴都库什山）——今阿富汗贝格拉姆——巴基斯坦白沙瓦城——印度。

"四大皆空"是什么意思?

"四大皆空"是佛教教义,其认为有情识的我、无情识的外物都是假色和合而成,并无实在性。这里的"四大"有两种解释,即实有和假有。实有的"四大"指的是"四大界",它们是世界的物质基础。具体为:地大,性坚,支持万物;水大,性湿,收摄万物;火大,性暖,调熟万物;风大,性动,生长万物。

通常所说的"四大"是"假有四大",即"四大"所成之地、水、火、风,不能实际把握,而只能从坚、湿、暖、动四者来对其进行猜度,因而世间所说四大只是假说。

佛教中的"五戒"指的是哪五戒?

佛教中的"五戒"指的是不杀生、不偷盗(偷盗又称"不与取",意思是不做未经过他人同意而占有其物品或劳动成果的事)、不邪淫(邪淫又称"非梵行")、不妄语、不饮酒。

佛教中的"三毒"指的是什么?

佛教中的"三毒"为贪、嗔、痴。贪指的是

人们为了追求私欲，物质和精神过度享受，贪爱执着无法自拔。嗔指的是仇恨，对违逆自己之事物产生厌烦仇恨之心。痴指的是不明白理、因果律和生命本质。

古代和尚的经济来源是什么？

古代的寺院，经济来源主要靠信徒的布施。同时，寺院早晚普佛，为信徒消灾或超度，也能获得一些供养。除此之外，部分寺院还拥有作为寺产的土地，僧人通过农业生产自给自足。

俗语说"无事不登三宝殿"，"三宝殿"指的是什么地方？

"三宝殿"是佛、法、僧三大活动场所，即供奉佛像的大雄宝殿、收藏佛经的藏经楼以及僧人修行的禅房。这三处地方，外人不能随便进去，进出的都是佛门弟子，故称"三宝殿"。

儒学的代表人物都有谁？

儒学的代表人物有孔子、孟子、荀子、董仲舒、郑玄、程颐、朱熹、陆九渊、王守仁等。

"四书五经"指的是什么？

"四书"指《论语》《大学》《中庸》《孟子》，"五经"指《诗经》《尚书》《礼记》《易经》《春秋》五部儒家经典。

"君君，臣臣，父父，子子"是什么意思？

"君君，臣臣，父父，子子"是古代社会中的人们应当遵守的行为准则。具体说来就是君使臣以礼，臣事君以忠，父对子要慈，子对父要孝。

"孔门四科"指的分别是什么？

"孔门四科"指的是"德行""政事""言语""文学"。

道家思想的起源可以追溯到什么时候？

道家思想形成于春秋战国时期，大约在公元前4世纪左右。这个时期是中国历史上一个社会动荡变革的阶段，人们对于社会秩序和人生意义进行了深刻的思考，道家思想就是在这样的背景下应运而生的。

道家学派的创始人是谁？

道家学派的创始人是老子，著有《老子》（汉以后称为《道德经》）。老子在中国哲学史上首次揭示了"道"是宇宙万物的本体和总的根源，开创了中国哲学的本体论，阐发了事物对立统一的朴素辩证法思想。

"道"指的是什么？

"道"是中国古代哲学的重要范畴，用以说明世界的本原、本体、规律或原理。道的原始含义指道路、坦途，以后逐渐发展为道理，用以表达事物的规律性。

"小国寡民"描述的是一种什么样的社会？

"小国寡民"出自《老子》："小国寡民。使有什伯之器而不用；使民重死而不远徙。虽有舟舆，无所乘之；虽有甲兵，无所陈之；使人复结绳而用之。甘美食，美其服，安其居，乐其俗。邻国相望，鸡犬之声相闻，民至老死，不相往来。"

意思是国家机构精简、人口适度；有各种器具、工具等，但适度使用；重视生命、安土重迁；倡导放弃文字，改为结绳记事；衣食无忧，生活安定；国家间距离虽近，但不同国家的人并没有过多的交往。描绘了以"无为而治"的理念管理的自给自足的理想社会。

庄子提出了什么样的观点？

庄子继承和发展了老子"道法自然"的观点，提出了"天地与我并生，而万物与我为一"的认识论观点，是先秦道家思想的集大成者。

《逍遥游》体现了庄子的何种境界？

《逍遥游》体现的是庄子的人生追求，如题目一般，是一种个人精神绝对自由的境界。篇中借鹏和学鸠、尧和许由、惠子和庄子的寓言阐明小大之辨，小者局限于自己和功名、各有所待而受制于物，大者则"乘天地之正，而御六气之辨，以游无穷"。

道家和道教有什么区别？

道家是先秦时期的学术派别之一，而道教是东汉末年在原始巫术的基础上形成的一种民间宗教，以长生不老为核心追求，属于有神论。

道家三经分别指的是什么？

道家三经分别指的是《道德经》《南华经》《冲虚经》。其中，《道德经》为大经，《南华经》与《冲虚经》为小经，后来修道的人把这三经列为做功夫的必读之书。

孔子、孟子、荀子的思想主张有何不同？

孔子的伦理学说以"仁"为核心，以爱人为仁的基本含义，以孝悌为仁的基础，以忠恕为仁的体现，常常以仁、智、勇三者并举，以圣为最高的理想人格，坚持先义后利，提出了为政以德的治国之道。

孟子提倡人性善，以恻隐之心、羞恶之心、辞让之心、是非之心作为"善"之端绪，以仁、义、礼、智四德为道德规范的核心体系，以思诚、寡欲、集义为道德修养方法，重义轻利，以仁心行仁政为治国理想。

荀子提倡人性恶，其道德规范体系以礼为核心，重视"义荣""义辱"的荣辱观，提倡隆礼重法的治国理念。

孟子曾言"君子有三乐"，指的是哪三乐？

《孟子·尽心上》曰："君子有三乐，而王

天下不与存焉。父母俱存，兄弟无故，一乐也。仰不愧于天，俯不怍于人，二乐也。得天下英才而教育之，三乐也。"概括来说，这"三乐"就是父母健在，兄弟无病无灾；上不愧于天，下不羞于人，问心无愧；育天下英才。

"天人合一"思想指的是什么？

"天人合一"是中国哲学思想，"天"指天空，也指天道，还指自然大道。道家、道教所说的"天"，多指自然、天道。"天人合一"多指人与道合而"天地与我并生，而万物与我为一"的境界，也指天人相合相应。

法家思想的核心是什么？

法家思想的核心是以法治国。法家学派强调法律制度在治理国家中的重要性，主张通过完善的法律制度来管理和指导国家。法家思想还强调中央集权、君主专制，以及通过强化法律来促进国家的富强。

最早提出"以法治国"的思想家是谁？

最早提出"以法治国"的思想家是管仲。春

秋时期，齐国管仲是早期法家的代表人物，他主张"治国使众莫如法，禁淫止暴莫如刑"。《管子·明法》中记载道："威不两错，政不二门。以法治国，则举措而已。"

"以柔克刚"是谁提出来的，它的具体内容是什么？

"以柔克刚"是道家学派的创始人老子提出的。在老子看来，刚强是不合于道的，它包含着毁灭的契机。

《老子·三十六章》记载："人之生也柔弱，其死也坚强。万物草木之生也柔脆，其死也枯槁。故坚强者死之徒，柔弱者生之徒。是以兵强则灭，木强则折。"柔弱的东西则包含着生机，是符合道的，合乎道的东西一定会战胜违反道的东西，柔弱者会胜过刚强者。

"修身、治国、齐家、平天下"的思想出自哪本著作？

《礼记·大学》记载："古之欲明明德于天下者，先治其国；欲治其国者，先齐其家；欲齐其家者，先修其身；欲修其身者，先正其心……心正而后身修，身修而后家齐，家齐而后国治，国治而后天下平。""修身、治国、齐家、平天下"的思想成为封建统治阶级奉行的伦理思想总纲领。

三纲领八条目指的是什么？

三纲领八条目是儒家经典《大学》所概括的关于道德修养的纲目序列、基本原则、途径和方法，又称三纲八目。

三纲领指"明明德""亲民""止于至善"，这是"大学之道"的总纲，是所谓大人君子进行道德修养的方向和目标；八条目指"格物""致知""诚意""正心""修身""齐家""治国""平天下"，是由"内圣"而"外王"的八个步骤。

为什么理学又被称作新儒学？

理学即宋明时代的儒学，亦称"新儒学"。宋代儒家研究传统典籍，注重义理的探究，试图为儒学建立一套根本的理论基础，故称"理学"。理学伦理思想继承孔、孟思想传统，吸收和改造了佛、道的思想成果，在道德观、世界观和认识论上进行了深入拓展，丰富了儒家伦理思想的思辨形式，使得儒家伦理思想更为系统化和理论化。

陆九渊的思想主张有什么？

陆九渊提出了"宇宙便是吾心，吾心便是宇宙"的命题，创建了以"心"为宇宙之体的哲学体系。他认为，充塞宇宙万物之中的"理"就在人心之中，强调"心"与理或"心"与道的合一，主张"人皆有是心，心皆具是理，心即理也"，将"心"视为无所不包、无所不能的"主宰"。

商鞅主张的政治思想是什么？

商鞅的政治思想主要分为三点：一是主张变法，他强调"治世不一道，便国不法古"，应该因时制宜，随机变法；二是主张重罚，他认为实行法治的关键是信赏必罚，因此应当"重刑少赏""以刑去刑"，以达到"民莫敢为非"的目的；三是主张耕战、重农抑商。

韩非主张的政治思想是什么？

韩非继承前期法家学说，提出了集"法、

术、势"于一体的政治学说，强调尊君、集权和思想文化专制，对中央集权君主政治进行了系统理论论证。其政治思想主要体现在《韩非子》中。

"存天理，灭人欲"是谁提出的思想主张?

朱熹提出："圣人千言万语，只是教人存天理，灭人欲。"他认为，人作为"天理"的体现，一方面被先天地赋予了仁、义、礼、智等道德品性，具有先天的善性，即"天命之性"；另一方面，每个人的"气禀"不同，造成了后天善恶、贤愚、贫富、寿夭的差异，即"气质之性"。

为化不善为善，他提出人要除去私欲，明理见性，以使人人能够践行仁、义、礼、智，这个过程即是"存天理，灭人欲"。

隋唐时期的伦理思想有什么样的特点?

隋唐时期的伦理思想呈现出的特点一方面是推崇儒家伦理道德并系统化，另一方面是尊道礼佛，实现儒、佛、道融合并用。

"横渠四句"指的是什么?	横渠四句指的是北宋张载的名言:"为天地立心,为生民立命,为往圣继绝学,为万世开太平。"
"三百六十行"的说法最早出自哪里?	明代,各行各业发展繁荣,出现"三百六十行"之称。其最早出自明代文人田汝成的《西湖游览志余》:"杭州三百六十行,各有市语也。""三百六十行"并非指社会上一共有360种行业,它所反映的是社会的发展。
古代有经纪人吗?	古时候的"经纪人",其实就是为买卖双方议价说合的中间商人或商号,称作牙商。牙商是伴随封建商品经济发展而出现的,并逐渐成为一种作为贸易中介的特殊行业。据记载,我国战国时已有专业的牙商。
古时候,那些专门替人介绍工作的人叫什么?	宋代都市中,那些专门替人介绍工作并收取佣金的人叫作"行老",也称"荐头"。据《东京梦华录·卷三》记载,是时东京各行业均有行老,他们掌握着供需双方的情况,

大凡酒店、饭馆等店铺需要匠做、小工之类，"各有行老供雇"。

"凌人"的工作是什么？

《周礼·天官冢宰·凌人》载："凌人，正岁十有二月，令斩冰，三其凌。春始治鉴，凡外内饔之膳羞，鉴焉。凡酒、浆之酒醴亦如之。祭祀，共冰鉴。宾客，共冰。大丧，共夷盘冰。夏，颁冰掌事。秋，刷。"具体来说就是凌人掌管藏冰、用冰的政令。

每年十二月，凌人命令属下取冰，按用量的三倍藏入。春天开始准备好藏冰的瓦罐，凡是外饔、内饔制作的膳食菜肴，都放入冰罐里。酒人、浆人供应的酒和醴等也要放入冰罐。有祭祀，供给冰瓦罐。有宾客，就供应冰。有大丧，就供应夷盘里的冰。夏天时，王给臣下颁发冰，凌人掌管颁发。到秋天，就把冰窖打扫干净。

"宰白鸭"的陋俗指的是什么？

相传在清朝，一些家境富裕的人在犯了杀头大罪时，可以花费白银收买贫寒人家的孩子或者无业游民代替凶手被砍头，由于这些顶替富家弟子上刑场杀头的贫寒子弟像极了那些在屠宰场之中的大白鸭，因此这项极其血腥的交易就被称为"宰白鸭"。

"采诗官"的工作是什么?

采诗官是古代朝廷设立的一种官职，主要的工作是负责采集民间诗歌。采诗官将诗歌整理、编辑后呈现给朝廷，以供朝廷了解民俗、风情和社会现状。

"五花八门"指的是哪"五花"、哪"八门"?

"五花"和"八门"原指"五花阵"和"八门阵"，都是古代兵法中的阵法名称，后来用来指代不同的行业或技能。

"五花"指的是五种不同的行业：金菊花，象征卖茶的女人；木棉花，象征街上为人治病的郎中；水仙花，象征酒楼上的歌女；火棘花，象征玩杂耍的人；土牛花，象征挑夫。

"八门"则指的是八种不同的行业或技艺：一门巾——算命占卦之人；二门皮——卖

草药的人；三门彩——变戏法的人；四门挂——江湖卖艺人；五门平——说书评弹者；六门团——街头卖唱的人；七门调——搭篷扎纸的人；八门柳——高台唱戏的人。

中国最早经商的人是谁？

相传，中国最早经商的人是王亥。《山海经》中记载道："王亥托于有易、河伯仆牛，有易杀王亥，取仆牛。"王亥用牛车拉着货物，到外部落进行交易，使商部落得以强大。可见，他开创了商业贸易的先河。

"儒商"是什么？

明清之际，徽州等地出现一批"弃儒就商"和"行商学儒"之人组成的商人群体，他们就是"儒商"。"儒商"将儒家伦理精神转化为经营理念和行商规范，把"义"理作为商业经营的核心伦理，形成了"财自道生，利源义取"的经营伦理理念。

明清时期的十大商帮都有什么？

明清时期的十大商帮包括晋商、陕商、徽商、鲁商、宁波商帮、粤商、龙游商帮、洞庭商帮、江右商帮。

"工商食官"是一种什么制度?

"工商食官"是周代政府占有工商业者并进行垄断性经营的制度。在西周,王室和各诸侯国拥有各种手工业作坊,占有大量手工业者即"百工",并设工官管理。作坊内设有监工,督促众工劳动;生产用料及食宿皆由官府提供,按工师设计的官方"图程"生产各种器物。

"风水先生"为什么又被叫作"阴阳先生"?

古时候,民间通常把占卜方位、勘察地理环境的方术称为"风水",所以从事这种职业的人就被顺理成章地称为"风水先生"。在看风水的过程中,大多数的风水先生都习惯以阴阳学说解释天象、地脉,所以人们认为他们是经常与阴阳界打交道的一类人,又把他们叫作"阴阳先生"。

为什么鬼谷子普遍被算命先生称为"祖师爷"?

鬼谷子以丰富的历史、地理、风俗、经济、政治等各种知识为背景,创立了一套智谋体

系，预测天下的发展趋势、影响历史的走向。鬼谷子是与孔子、孟子、韩非子等先哲齐名的学术大家，培养出了苏秦、张仪等纵横家，于是他便被历代算命先生尊为祖师爷了。

看相算命起源于何时？

看相算命是一种古老的文化现象，秦汉时期，社会变迁、时代动荡，因此专门从事占卜、看相、算命的人越来越多，甚至出现了专门的店铺。彼时，相术盛行。相术，古称"风鉴"，俗称"看相"，主要是指通过辨察人的头骨、面相、体型等生理形态和人的神情、声气、举止等来推断人的寿天、贫贱、吉凶、祸福的一种方术。

唐朝流行哪种算命术？

唐朝时期，"八字"算命术在社会中流传，算命者要报出生的年、月、日以及出生时辰，然后由算命先生根据所报的生辰按年上起月、月上起日的方法，用天干地支排出甲子、乙丑、丙寅、丁卯之类的八个字。

古时的算命先生有哪些种类?

古时的算命先生主要分为三类:第一类是开算命铺子或摆摊的,摊上放着笔、墨、纸、砚及几本破旧的命书,挂一块"小诸葛""赛神仙""半仙"之类的招牌,外加一个服务价目表;第二类是手拿三块木片或竹片,边走边敲,口里喊着"算年灾月降,算富贵贫贱"的;第三类是手提一把胡琴,拉着类似"豆香红豆腐"等调门招徕顾客的。

清朝流行的算命术有什么?

《神相全编》是明清时期非常流行的一本算命书,其中列举了测字法、时辰推命法、八卦算法、易象推命法、星相推命法等各种算命术。

"膳夫"是什么?

"膳夫"是周朝管理王室饮食和祭祀膳食的官职,也被称作"善夫""膳宰",是食官之首。根据《周礼》记载可知,膳夫的基本职能是掌管王室的膳馐及祭祀宴飨时有关膳食的事项。根据铭文记载和传世文献,膳夫还有传达王命、代天子整顿八师的职能，甚至到了"政食不分"的地步。

厨师工作服什么时候出现的？

汉代厨膳操作人员已有了专门的工作服，包括紧身的"攘衣"，"犊鼻裈"式的围裙、名为"青韬"的护袖。这种从实用出发的厨师工作服，一改平时宽大的风格，在烹饪时既干净又利索，有利于提高工作效率。

"禽行"是什么？

唐、宋时称厨师行业为"禽行"。"禽"从字形来看，是人们持案进食之形，禽行亦是"职庖厨之业，精割烹之术"的人。禽行有内行、外行之分，内行是在饭馆里掌厨的师傅，外行是逢到节庆喜筵时到人家家里掌厨的师傅。

"掌灶"和"掌案"分别指的是什么？

"掌灶"负责烹调之事，"掌案"负责选材配料。"掌案"又可分为"红案"和"白案"，前者属大菜正餐，后者属蒸食茶点。"掌案"需要责任心强，不但要注意材料的合理配置，还要注意材料的新鲜好坏，能否搭配在一起等问题。

宋朝的"四司六局"指的是什么？

宋朝时期的官府贵家会设"四司六局"，为盛大宴会供役。"四司"指的是帐设司、厨司、茶酒司、台盘司；"六局"指的是果子局、蜜煎局、菜蔬局、油烛局、香药局、排办局。

除了单身汉，还有什么样的人会被叫作"光棍"？

"光棍"通常指单身汉，其实，以敲诈为生的流氓无赖也被叫作"光棍"。《北京土语》解释："强索人钱财，占人便宜者，称之为光棍。"

"居养"是什么？

"居养"是中国古代救助贫病孤老的福利机构，源自唐代的悲田养病坊、宋代的福田院。北宋初期，京城开封设置东、西福田院，主要收养"老疾孤穷丐者"，规模小，仅收养24人。宋英宗以后，增设南、北福田院，并扩建收养房舍，收养人数增至1200人。

古代的澡堂都有什么类别？

相传，早期贵族多利用天然池塘或在府邸内建造露天池塘以供洗澡。唐代人则喜欢在温泉洗澡，建有众多的温泉澡堂。到了宋代，随着城市的发展和商业经济的繁荣，城市中出现公共澡堂。当时开澡堂称为"香水行"，可能是澡堂内放有一定的香料的缘故。

媒人起源于什么时候？

媒人的起源可以追溯至先秦时期，《诗经·卫风·氓》中写道："匪我愆期，子无良媒。"这里的"良媒"指的便是优秀的媒人。

媒人为什么也被称为"伐柯人"？

这种说法可以追溯到《诗经·豳风·伐柯》，其中记载："伐柯如何？匪斧不克，取妻如何？匪媒不得。"大概意思是没有斧子就砍不成树，没有媒人就娶不了妻。于是，"伐柯人"就成了媒人的代称。

"冰人"亦指媒人这一说法出自哪里？

"冰人"是旧时对媒人的称谓之一，出自《晋书·索紞传》："孝廉令狐策梦立冰上，

与冰下人语。纯曰：'冰上为阳，冰下为阴，阴阳事也。士如归妻，迨冰未泮，婚姻事也。君在冰上与冰下人语，为阳语阴，媒介事也。君当为人作媒，冰泮而婚成。'"

"红娘"一词出自哪里？

"红娘"是元代王实甫作品《西厢记》中的人物。身为丫鬟的红娘，支持和帮助小姐莺莺和张生幽会，使这两位有情人终成眷属。后世相沿成习，把那些热心为男女搭桥、牵线、撮合的婚姻介绍人叫作"红娘"，于是"红娘"成了媒人的代名词。

为什么古代当铺营业有"春添本，秋回利"的说法？

春季、夏季典当皮棉衣服的人多，当本就高；而秋季、冬季多典当单衣、夹衣，当本就少。因此常常流传着"春添本，秋回利"的说法。

我国最早的典当行大概出现在什么时候？

我国最早的典当业大致出现于南北朝时期，最早有关典当的记载出自《后汉书·刘虞传》："虞所赍赏，典当胡夷。"

当票是什么？

当票是古代当铺收存当物后开具给当户的票据，又称当据。金代将当票称为质券；元代称典当为解库、解典库，所以称当票为解帖；到明代，因流行典当铺的称法，当票的名称从此形成。

晋商典当规程的内容都涉及什么方面？

晋商典当规程内容大多涉及当铺经营制度、营业范围、盈利模式、员工培养等方面，但是最为常见的内容是记录典当商品的规格、质量、产地、品相、价格以及辨别货物真伪的方法。

典当行业盛行的时期，一般会有什么样的特点？

典当行业盛行的时期，一般多为灾荒年，百姓收获少，靠典当业救急以度日；或是举债活动促进了典当业的发展，如商业活动造成的债务危机等。

想要成为典当铺学徒，要具备什么条件？

当铺学徒人数不等，一般以四人为主，多则八人甚至十余人。学徒入店前，需要先经过熟人推荐，由店内人员担保，并出具保证书。

为什么说典当铺学徒的地位很低?

典当铺学徒要承担多种杂活、重活,包括典当铺大门的开关、房屋的打扫、当物的收取和搬晒等。白天忙于事务,晚上练习当字、算学,平常不得私自出门,管束十分严格。违反店规者轻则惩处、重则开除。

脚夫的名字的由来是什么?

"脚夫"是旧社会对搬运工人的称呼。在内蒙古、山西、青海等地,过去有靠赶骡、驴、马等牲畜帮人运输的人,这种人称作"赶牲灵"或"脚夫"。"脚夫"的生活很困苦,走南闯北,翻山越岭,风餐露宿,一走就是十几天甚至数月、数年,全凭体力谋生糊口。

在过去,那些售卖旧衣物的人叫什么?

在过去的北京,那些售卖旧衣物的人被称作"卖估衣的",多见于清朝,集中在城隍庙一带。这种行业分为零卖和批发两种。货源多为当铺中的衣服。零卖者从当铺中买了旧衣服,在街市上搭席棚售卖;批发者则是从当铺中成包买出,然后再发往乡间各处零卖。

蒲器匠都卖些什么?

蒲器匠是用香蒲叶编织席、扇、篓等用具的工匠。蒲器匠除编普通生活用具外,还可用蒲草编织衣服。据相关资料记载,北京蒲器匠所产蒲器有帽盒、蒲盒、蒸饼盒、酒盖、座团、鞍鞯、方座、酒瓮盖等。

磨刀匠是如何磨刀的?

磨刀匠是以磨剪刀、剃头刀等为职业的人,他们一般是挑担游动营业。磨刀匠所用的工具是磨石,方法为:先用瓦石磨刷,砑去刀、剪、剃头刀上的污垢,再以磨石摩擦,使其锋利。磨刀匠还兼擦铜镜。

在过去,窃贼有什么其他的叫法?

窃贼的叫法不一,如清代北京的窃贼称为小绺,黑话谓之"老荣"。窃贼分为黑潜、白潜等数种。黑潜是夜偷者,白潜是日偷者。此业中有师徒关系,一般是徒弟盗得之物要分给师傅,有些地方的窃贼还有行业组织并定期集会。

明清时期的皮革匠有哪些种类?

皮革匠指的是熟制和缝制各种皮革的匠人。明清时期,皮革匠主要分四种:熟革匠,专门熟制各种皮革;熟皮匠,专门熟制各种细毛皮袄;斜皮匠,专制各种细薄之革;缝皮匠,专将熟好之皮缝缀成衣。

"说话人"是一种什么行业?

"说话人"是宋代瓦肆中以说书为业的艺人。瓦肆是宋代都市的娱乐场所,其中有茶楼、酒肆、娱乐摊、杂货摊等。"说话人"演说的内容主要是三国故事和五代历史等,其讲故事的底本称作"话本",是章回小说的雏形。

"坛户"是一种什么行业?

"坛户"指的是掌管坛场财物,负责祭奠物品准备等事务的人。坛,指祭场,古代以坛作为祭天神及祖先之所。明清时期的"坛户"主要职掌国祭和朝祭坛场事务。

纸工的分工有多精细?

以清朝纸工为例,纸工按工作程序分为"推纸匠""刷纸匠""洒纸工""梅(染色)纸工"插纸工""托纸工""表纸工""拖纸工"等。每一工序中，又具体细分。如刷纸工中，又分为"刷砂绿纸工""刷玉板笺纸工"等；洒纸工又分为"洒南红金纸工""洒本笺金纸工"等。

明清时期，"包头"指的是什么？

"包头"指的是明清江南踹布业的作坊主，他们"置备菱角样式巨石、木滚、家伙房屋，招集踹匠居住"，进行雇佣生产，踹匠通过劳作使布料更加结实、光洁。除了这种集中生产方式外，包头还组织踹匠在各户分散生产。

"五放家"是一种什么职业？

"五放家"是金元时期以训练和放养鹰为职业的人。鹰分五种，即鹰、隼、鹘、鹞、鹘，因此，以训练和喂养鹰隼为职业的人家被称为"五放家"。

"三姑六婆"指的是哪"三姑"、哪"六婆"？

"三姑"指的是佛教的尼姑，道教的道姑，专门占卦的卦姑；"六婆"指的是牙婆、媒婆、师婆、虔婆、药婆、稳婆。

中国棉纺织业有什么杰出的人物?

黄道婆是我国宋末元初杰出的棉纺织技术革新家，又称黄母或先棉。她将在海南习得的棉纺织技术与江南的丝、麻纺织技术相结合，革新了棉纺织技艺。其改革主要包括改造"捍、弹、纺、织"之具和革新"错纱、配色、综线、挈花"工艺。

世界上最早的纸币是什么?

世界上最早的纸币是交子。宋统一后，川蜀地区只流通铁钱。但铁钱十分笨重，致使商品交换极为不便，交子以此为契机产生。交子发行于成都，随即发展成为两宋川蜀地区通用的法定货币。

夜市在哪个朝代最繁华?

唐代城市实行宵禁，按律不得开夜市。唐代中期，里坊、宵禁制度松弛，出现隐秘的夜市，时称"鬼市"。中唐之后，经济进一步发展，南方大城市出现发达的夜市。宋朝里坊制解体，夜市取得合法地位，十分繁华。